向雨濤詩
同鳥兒鳴許
鳥集

向雷锋同志学习
　憎爱分明的阶级
　立场
　言行一致的革命
　精神
　公而忘私的共产
　主义风格
　奋不顾身的无产
　阶级斗志
　　　　　周恩来

中/华/少/年/信/仰/教/育/读/本

雷锋精神读本

中华少年信仰教育读本编写委员会 / 编著

信仰创造英雄　信仰照亮人生

中国出版集团有限公司

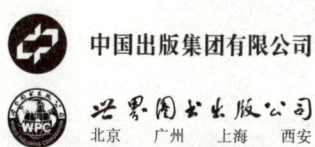

北京　广州　上海　西安

图书在版编目（CIP）数据

雷锋精神读本 / 中华少年信仰教育读本编写委员会编著 . -- 北京：世界图书出版公司，2016.5（2024.5 重印）
ISBN 978-7-5192-0886-8

Ⅰ. ①雷… Ⅱ. ①中… Ⅲ. ①雷锋精神—青少年读物 Ⅳ. ① D64-49

中国版本图书馆 CIP 数据核字（2016）第 049110 号

书　　名	雷锋精神读本
	LEI FENG JINGSHEN DUBEN

编　　著	中华少年信仰教育读本编写委员会
总 策 划	吴　迪
责任编辑	王　鑫
特约编辑	张劲松

出版发行	世界图书出版有限公司北京分公司
地　　址	北京市东城区朝内大街 137 号
邮　　编	100010
电　　话	010-64033507（总编室）　（售后）0431-80787855　13894825720
网　　址	http://www.wpcbj.com.cn
邮　　箱	wpcbjst@vip.163.com
销　　售	新华书店及各大平台
印　　刷	北京一鑫印务有限责任公司
开　　本	165 mm×230 mm　1/16
印　　张	8.5
字　　数	111 千字
版　　次	2016 年 8 月第 1 版
印　　次	2024 年 5 月第 5 次印刷
国际书号	978-7-5192-0886-8
定　　价	35.00 元

版权所有　翻印必究
（如发现印装质量问题或侵权线索，请与所购图书销售部门联系或调换）

序 言

信仰是什么？

列夫·托尔斯泰说："信仰是人生的动力。"

诗人惠特曼说："没有信仰，则没有名副其实的品行和生命；没有信仰，则没有名副其实的国土。"

信仰主要是指人们对某种理论、学说、主义或宗教的极度尊崇和信服，并把它作为自己的精神寄托和行动的榜样或指南。信仰在心理上表现为对某种事物或目标的向往、仰慕和追求，在行为上表现为在这种精神力量的支配下去解释、改造自然界和人类社会。

信仰，是一个人在任何时候都不能丢的最宝贵的精神力量。人有信仰，才会有希望、有力量，才会树立正确的价值观，沿着正确的道路前行，而不至于在多元的价值观和纷繁复杂的世界中迷失方向。

信仰一旦形成，会对人类和社会产生长期的影响。青少年是社会的希望和未来的建设者，让他们从普适意识形成之初就接受良好的信仰教育，可以令信仰更具持久性和深刻性，可以使他们在未来立足于社会而不败，亦可以使我们的伟大祖国永远立于世界民族之林。

事实上，信仰教育绝不是抽象的、概念化的教育，现实生活中，我们有无数可以借鉴的素材，它们是具体的、形象的、有形的、活生生的，甚至是有血有肉的。我们中华民族有着几千年的辉煌历史，多少仁人志士只为追求真理、捍卫真理，赴汤蹈火，前仆后继；多少文人骚客只为争取心中的一方净土，只为渴求心灵的自由逍遥，甘于寂寞，成就美名；多少爱国志士只为一个"义"字，不惜抛头颅、洒热血。他们如滚滚长江中的朵朵浪花，翻滚激荡，生生不息，荡人心魄。如果我们能继承和发扬这些精神和信仰，用"道"约束自己的行为，用"德"指导人生的方向，那么我们的文明必将更加灿烂，我们的国运必将更加昌盛。

正基于此，"中华少年信仰教育读本系列丛书"应运而生。除上述内容外，本丛书还收录了中国人民百年来反对外来侵略和压迫，反抗腐朽统治，争取民族独立和解放，前赴后继，浴血奋斗的精神和业绩，尤其是中国共产党领导全国人民为建立新中国而英勇奋斗的崇高精神和光辉业绩；不仅有中国历史上涌现出的著名爱国者、民族英雄、革命先烈和杰出人物，还有新中国成立以后涌现出的许许多多的英雄模范人物。

阅读这套丛书，能帮助青少年树立自己人生的良好的偶像观，能帮助青少年从小立下伟大的志向，能帮助青少年培养最基本的向善心，能帮助青少年自觉调节自己的行为，能帮助青少年锁定努力的方向，能帮助青少年增加行动的信心和勇气。

习近平总书记说："人民有信仰，民族才有希望，国家才有力量。"因此我们有理由相信：少年有信仰，国家必有希望。

中华少年信仰教育读本编写委员会

目录

第一章 平凡而伟大的战士 / 001

热爱党，热爱祖国 / 001

我为人人 / 007

你快乐，所以我快乐 / 015

奉献最美 / 024

要干就干，干就干好 / 031

锐意进取 / 039

艰苦奋斗 / 046

第二章 雷锋精神，永放光芒 / 053

中国核事业的领航人：朱光亚 / 053

当代雷锋：郭明义 / 056

爱心妈妈：马佳年 / 062

无臂钢琴师：刘伟 / 066

雪域高原上的支教者：胡忠、谢晓君夫妇 / 070

校门舞男：肖剑 / 073

人民公仆：杨善洲 / 078

第三章　《雷锋日记》摘选 / 084

1958 年 / 084
1959 年 / 085
1960 年 / 090
1961 年 / 098
1962 年 / 107

第四章　雷锋诗选 / 111

南来的燕子啊 / 111
可爱的工厂 / 114
力量从团结来 / 115
一家人 / 116

第五章　雷锋小说选 / 117

茵　茵 / 117

第六章　雷锋书信选 / 122

致中共辽阳市委的信 / 122
中共辽阳市委致部队首长的信 / 124
给建设街小学全体少年朋友的信 / 125
一封慰问信 / 126
给堂叔雷明义的信 / 127

第一章 平凡而伟大的战士

热爱党,热爱祖国

感恩的心

雷锋曾经以"解放后我有了家,我的母亲就是党"为题写了一篇文章。文章讲述了雷锋悲惨的身世,以及他如何从孤儿成长为一名优秀的战士。文章中感人至深的言语,让读过这篇文章的人无不为之动容。

对于雷锋来说,是党把他从水深火热的日子里解救出来的,之后,在党和人民的关怀下成长为一名优秀的战士。雷锋的生活发生了翻天覆地的变化,他把人民、党和国家当作自己的恩人。雷锋用自己的实际行动由衷地感谢自己的恩人。

"军民鱼水情意深",怀着一颗感恩的心,好战士雷锋将自己全部的热情都献给了人民、献

给了祖国。

雷锋当选抚顺市人大代表以后,更是积极关注国家的发展,关注民生,处处为百姓生活着想。有一次,雷锋参加抚顺市人民代表大会,市委负责人代表人民送给雷锋一斤苹果,算是全市人民对这位"劳动模范""优秀战士"的一片心意。雷锋接过这些用红纸包裹的苹果,心里暖暖的。

喜悦过后,雷锋不禁回想起自己曾经无家可归、食不果腹的生活。他看着那红彤彤的苹果,心想:现在我的日子好了,但不能忘记人民。他们就像我的父母,时刻关心着我。想到这里,雷锋带着苹果来到了卫生连,探望那些正在住院的人。看大家吃着苹果,雷锋甜在心里。他曾说:"我是从敌人的压榨中挣扎过来的,是在友爱的革命大家庭里成长起来的。想想过去,看看现在,我知道恨谁、爱谁,我知道保卫我们可爱的祖国是我们青年的神圣职责。"

雷锋把自己的爱献给人民、献给党和祖国,付出再多他都心甘情愿。在他心里,自己能从旧社会的苦难中挣脱出来,能上学、工作、参军,就已经很满足了。雷锋像一面多棱镜,把光和热发散到更多地方,把自己得到的点滴关怀回报给国家和人民。

我是一块砖

新中国成立前受苦受难的雷锋深知党和国家给予他的帮助。新中国成立后重获新生的雷锋,立下誓言:"一定要热爱党、热爱祖国、热爱社会主义。"如何来报答人民、报答党和国家的恩情呢?雷锋认为,国家和人民需要他去哪里,就应当义无反顾地到哪里去。这就是最好的报答方式。

祖国日新月异的变化令雷锋倍感欣

喜。当时全国上下都在大炼钢铁，辽宁省鞍山钢铁厂和湖南省湘潭钢铁厂都在大量招收钢铁工人。在团山湖农场工作的雷锋得知这个消息后，心里就开始盘算起来。他想：现在正是国家需要我的时候，我要做祖国的一块砖，哪里需要往哪里搬。

有一天，大家围坐在一起讨论着去工厂上班的事。戴着眼镜的男青年先开口问道："大家说说自己的想法吧，有谁想去鞍山钢铁厂？"

一个眉清目秀的女孩子回答说："辽宁在北方，离家这么远，人生地不熟的可不好。"

"是啊，以后过节想回家看看都很困难。"旁边的人附和着说。

另一个女孩子说："辽宁特别寒冷，气温动不动就在零下好多度，听说连吐出的口水都能很快结成冰呢。南方人根本无法适应那里的天气。"

还有人喃喃地说："反正湖南钢铁厂也在招工人，图个离家近，方便。我要留在这里，不去鞍山钢铁厂。"

大家你一言我一语，纷纷表达自己的想法。很明显，绝大多数人都不愿意到远离家乡的辽宁鞍山工作。雷锋心想：如果大家都不选择去鞍山，那里肯定更需要工人。于是他开口说道："我决定要去鞍山钢铁厂工作。"

大家顿时投来了不解的目光。有人问他："放着家门口的工作不要，干吗非要跑到北方去？"雷锋恳切地回答："正是因为很多人选择留在了湖南，鞍山钢铁厂才更需要有人报名。那里的确非常寒冷，但是我不怕。虽然远离家乡我也会感到不自在，但我还是要到祖国需要的地方去。"

下定决心的雷锋第二天就报了名，并且积极向大家介绍鞍山钢铁厂的情况，帮助招工部门开展工作。

团山湖农场的领导得知了雷锋的决定，对雷锋说："小雷，你这么年轻又孤孤单单的,更何况那里的条件艰苦,环境恶劣,跑到离家乡那么远的地方工作,真的能行吗?"

雷锋坚定地回答:"谢谢您的关心。我一定能够照顾好自己。我选择去鞍山钢铁厂工作,因为那里更需要我。"

俗话说,"穷人的孩子早当家"。从小失去了亲人的雷锋,很早就学会了自立。他吃过苦,受过罪,面对生活中的困难,总是勇往直前。国家建设需要工人,他毫不犹豫地来到鞍山钢铁厂;国家开展征兵工作,他积极主动地报名参军。只要是祖国、人民需要他,雷锋都会奋不顾身地冲在前面。

当下,我们的祖国综合国力不断攀升,经济飞速发展,科技水平也走在了世界的前沿。目前,虽然我们的国家不再处于落后的位置,但是依然存在贫穷。还有很多贫困山区的孩子上不起学,看不起病,甚至没有条件走出大山,看一看外面的世界。

作为当代青年,我们应该放眼未来,将人生道路的选择指向基层,指向西部,指向边疆,向雷锋学习,到祖国和人民最需要的地方去,做一名光荣的志愿者。在那里,用我们的知识浇灌祖国的棵棵"幼苗",用我们的热情感染民众;在那里,谱写我们青春的赞歌,书写无悔的人生。

积极入党

雷锋各种助人为乐、勤俭节约、艰苦奋斗的事迹,领导们早有耳闻。一份标题为"解放后我有了家,我的母亲就是党"的材料,引起了韩政委的注意。

材料里记录了一个曾被旧社会害得家破人亡的孤儿,新中国成立后,在党的关怀下茁壮成长的经历。这个孤儿上完学后自愿留在乡下种地当新型农民,后来学会了开拖拉机,被征调到鞍钢当工人……而现在,他又成为一名优秀的解放军战士。小小的年纪,却有着如此不平凡的经历,真是让人赞叹。

没错,韩政委看到的这份材料就是雷锋的自述材料。这份材料是从何而来的呢?其实是团党委听说了雷锋众多"勤俭节约""为灾区捐钱"的事迹,想推举他为全团的"节约标兵",号召全团干部、战士向雷锋学习。于是,团党委决定将雷锋从小到大的经历写成材料印发给各连阅读。而这篇"解放后我有了家,我的母亲就是党",便是经过政治处整理,又由雷锋自己定稿、定题目而成的学习材料。

韩政委发现雷锋竟然还没有入党,很关心,立即给运输连打电话询问。一问才知道,原来运输连的党支部早就收到了雷锋的入党申请书,并且认为雷锋已经完全达到了一个共产党员的标准,但是

【雷锋日记】

一九五九年十一月二日

我学习了毛主席的著作以后,懂得了不少道理,心里感到特别亮堂,工作越干越有劲,只觉得有股劲永远也使不完。

我为了群众尽了一点应当的义务,党却给了我极大的荣誉,去年我被评为先进工作者,出席了鞍山市青年建设积极分子大会,这完全是党的培养,是毛主席思想给了我无穷的力量,是广大群众支持的结果。

我要永远地记住:

一滴水只有放进大海里才能永远不干,一个人只有当他把自己和集体融合一起的时候才能有力量。

力量从团结来,智慧从劳动来,行动从思想来,荣誉从集体来。

考虑到雷锋入伍时间不长,想要让他磨炼一段时间再通过他的入党申请。韩政委听了这话,就对电话另一头的人说:"雷锋入党的事情要抓紧办,入伍时间长短不是问题。"

为此,运输连的高指导员特意在一天中午去了雷锋的班里,想找雷锋谈一谈。可到了班里,发现其他战士都在,只有雷锋不见踪影。高指导员出了雷锋所在的四班宿舍大门,去车场找了一圈,最后发现13号车驾驶室里坐着一个人。虽因阳光太强看不清是谁,但高指导员敢肯定,在这个时间还在驾驶室里的,肯定就是雷锋了。高指导员走到驾驶室跟前,雷锋没察觉。于是,高指导员轻轻叫了他一声。

雷锋当时正看书看得入迷,听到有人在身边叫自己,才猛然从知识的海洋中缓过神来。他看到站在驾驶室外的高指导员,不好意思地说:"高指导员,您还没去休息啊?"

高指导员和蔼地笑了笑说:"你不是也没休息吗?"

说着,高指导员打开了驾驶室的门,坐到了雷锋身边。高指导员看了看雷锋手里的书,为雷锋刻苦学习、积极进取的态度而感动。他对雷锋说:"你的入党申请,支部已经讨论过了。大家对你抱有很大期望,你要再接再厉。"

雷锋听到这个消息很激动,连忙向高指导员保证:"您就放心吧!我一定会继续好好学习,严格要求自己,不辜负党的教育。"

雷锋果真如他承诺的那样,从此之后更加努力,更加发愤学习。雷锋一直以来就对共产党充满向往,他热爱党,热爱国家,一直把"入党"设定为自己崇高的目标。眼看这个崇高的目标就要在自己的努力下实现了,他的内心能不为此充满无尽的欣喜和无穷的干劲吗?

1960年11月8日,雷锋终于成为一名共产党员。这一年他刚满20岁。

我为人人

人民的好儿子

雷锋喜欢写日记，记录下自己的真实感受和成长的轨迹。在他的日记中，提到次数最多的就是"人民"这个词。雷锋将"热爱人民，尊重人民"时刻铭记于心。雷锋把人民当作自己的亲人，时刻把人民的利益放在心里。

雷锋当兵的第一年，部队派他到一个叫二道河子的地方进行施工。雷锋按时到达了工地，只见工地旁边有一个破旧的房子，墙上的泥土看起来已经都松动了。雷锋刚要探进头去询问，从里面走出来一位和蔼可亲的老大娘。

雷锋关切地说："老大娘，这房子的外墙已经要垮了，您住在里面会很危险的。"

老大娘摇摇头，低声说："我这么一个老婆子，没人管。"

雷锋皱起眉头，问道："那您的家人在哪里呢？"

老大娘有些哽咽，回答道："我把两个儿子从小拉扯大，可是现在他们谁也不愿意抚养我。"

雷锋一边安慰老人，一边在心里盘算着为她修理房屋的事。他到附近找人借来了工具，买来了水泥，当起了"泥瓦匠"。不一会儿，雷锋就把破损的墙壁修补得结结实实。大娘家的门已经松动了，风一吹就吱呀作响，雷锋又找来废弃的木板把门重新钉好。

老大娘被雷锋的行为感动得落泪，她拉着雷锋的手说："我和你素不相识，你帮我修房子，又补门框，我该怎么感谢你才好啊。"

"我7岁就成了孤儿，是靠乡亲们的接济长大的。在我的眼里，您就像我的亲人。如果您不嫌弃，就把我当成您的儿子吧。"雷锋说着，眼睛也湿润了。

施工的那段时间，雷锋一有空就来看望老大娘，帮她洗衣服、挑水、打扫房间。老大娘也把雷锋当作自己的儿子，和他一起吃饭、拉家常。

　　后来，雷锋接到命令准备返回部队。临走时，他还特意留下一些钱作为老人的生活费。

　　雷锋虽然年纪不大，心思却非常细腻，与同龄人相比，他显得懂事许多。雷锋把身边的人都当作自己的家人，特别是遇到年迈的长者，更多了一份尊重，一份关怀。

　　在从旅顺开往沈阳的列车上，雷锋碰见了一位白发苍苍的老人。这位老人看起来脸色很差，而且在不停地咳嗽。雷锋为他倒了热水，关切地问道："老大爷，您是不是生病了？"老人抬起头，迟缓地回答："我这是痨病，年轻时落下的病根，已经十多年了。"

　　"您坐火车要到哪里去啊？"雷锋接着问道。

　　"我要到丹东去，可是还差一块钱才能买到去那里的车票。现在我还发愁该怎么办呢！"老人紧锁起眉头回答道。

　　"我身上还有些钱，给您买车票吧。"雷锋边说边掏出兜里的钱，塞到老人手中。

　　紧接着，雷锋又说："现在已经是中午了，我去帮您买饭吧。"还没等老人回答，雷锋转身向餐车走去。

　　不一会儿，雷锋就把热乎乎的饭端到了老人面前。老人紧紧握住雷锋的手，感动得说不出话来……

　　雷锋与人民之间，不是亲人却胜过亲人。这份浓浓的情谊源自于雷锋为人民服务的精神，源自于他把人民当亲人的心。

　　现在，我们面对陌生人的时候，更多的是选择远离，选择冷漠。人与人之间的关系慢慢地疏远，心与心之间的隔阂在逐渐加深。这种时候，我们更要向雷锋学习，学习他为人民服务的精神。如果我们每个人都在做着"我为人人"的事情，整个社会自然就会呈现出"我为人人，人人为我"的大好局面。如此良性的循环，将使我们的社会更加和谐，更加美好！

校外辅导员

雷锋不只在部队里发光发热，他还去学校，用自己的精神照耀着可爱的孩子们。

孩子们很喜欢雷锋，都亲切地称呼他"雷锋叔叔"。雷锋很喜欢这个称呼，他觉得，虽然在党的面前，自己永远是个孩子，但是在孩子们面前，他已经是个大人了。

后来，雷锋受连队党支部的委托，接受孩子们的热情邀请，担任抚顺市建设街小学（现已改名为"雷锋小学"）和本溪路小学少先队组织的校外辅导员。

雷锋从小就热爱祖国、热爱党。在小学读书时戴过的红领巾一直被他好好地珍藏着。因为他知道，是党和国家给了他生活的希望、

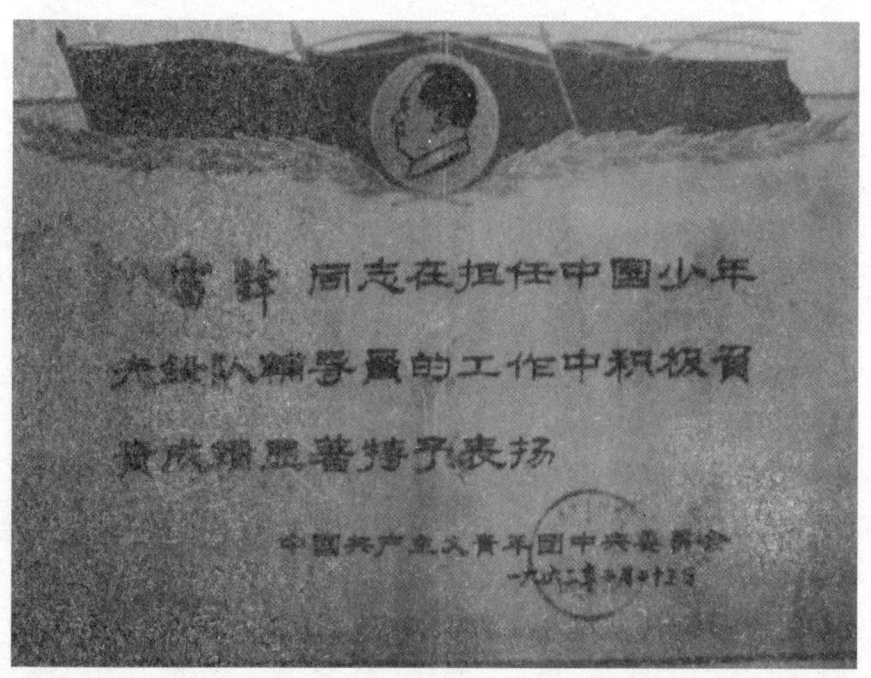

学习的机会,让他过上现在这样幸福的生活。他希望学校的学生——祖国未来的花朵,也可以学习科学知识,过上幸福的生活。所以成为校外辅导员让他很自豪,他想要认真地辅导每一个孩子。

每次雷锋穿着军装、戴着红领巾来到学校,孩子们都会热情地把他围住,欢呼着"雷锋叔叔""欢迎雷锋叔叔"。大家如果想听故事,雷锋就会坐在他们中间,给他们讲他最喜欢的毛主席的故事。大家听得津津有味,他也讲得很尽兴。

当然,不是所有学生都会虚心学习、遵守纪律。建设街小学六年级二班就有这样一个学生,个子挺高,却一直调皮捣蛋,虽然很聪明,却不愿意学习。这让中队委员们很头疼,觉得这个学生已经无药可救,不愿意再管教了。

雷锋听说后,主动要求做这个同学的工作,他对中队委员说:"帮助同学进步,让他明白学习的重要性是我们大家的责任。他功课不好,那就劝导他来参加学习小组,帮他补课,放弃他是不对的。"

从那以后,雷锋每次来到学校都要去找这个同学谈谈心,给他讲讲有趣的故事,还约他去部队里玩。雷锋的努力渐渐有了成效。

有一次,六年级二班的同学和雷锋一起到郊外捡碎砖。大家都在专心捡碎砖的时候,这个调皮的同学偷偷摸进了雷锋开来的汽车的驾驶室里。他在里面东摸摸、西碰碰,兴奋得握住方向盘,做出开车的架势,嘴里还喊着:"前进!"

这个同学正沉浸在自己开车的幻想中,车门突然被雷锋打开了。孩子吓了一跳,心想肯定要被批评了。谁知,雷锋只是温柔地笑着问:"你喜欢开车?"

孩子点点头,接着又补充说:"可我学不会。"

"只要用心学,没有什么是学不会的。"雷锋答应他,"等你捡完碎砖,我教你开汽车。"

孩子一听可以学开汽车,立刻开心地跳下车去,和大家一起干活。雷锋说到做到，那孩子捡完砖头以后，雷锋真的开始教他开车。可不管怎么教，那孩子也听不懂，稚嫩的脸上满是困惑和愁容。

雷锋趁机劝导他："你看，开车都这么困难，你长大后负责的工作会更困难。你现在不好好学习，不努力掌握本领，以后怎么为人民服务，为祖国建设做贡献？既然现在有这么好的学习条件，应该好好把握呀！"

孩子听了雷锋的这番话很受触动，答应雷锋今后一定改正缺点，好好学习。后来，这孩子如他保证的那样，克服了缺点，努力学习，在各方面都取得了很大的进步。

一天，这个孩子突然跑到运输连里找雷锋，开心地告诉雷锋："雷锋叔叔，我加入少年先锋队啦！"

看着孩子胸前的红领巾，雷锋很欣慰："太好了，祝贺你！"

雷锋就像一盏指路明灯，也许不似伟人那般光芒万丈，却可以照亮身边的每一个人。他在黑暗的路边静静地散发着光芒，为迷失方向的人指引一条充满光明的道路。他就像一位守护神，为身边的人保驾护航。

雷锋帮助学生解决问题、指引他们走上正确道路的事情，并不只有这一两件。有一次，雷锋得知，有两个本是好朋友的女同学突然闹了别扭，谁也不理谁了，就想找机会和她们一起谈谈。

正巧，几天后学校发动学生为学校的田地准备肥料，但缺个粪勺，老师借机让这两个闹别扭的女同学一起去找雷锋借一个。这两个女同学找到雷锋，借到了粪勺就准备离开，期间两个人一句话也没对对方说，像陌生人一样。雷锋瞧见这种状况，就叫住了她们，笑着问道："听说你们最近闹别扭了？"

两个女孩子一听连雷锋叔叔都知道这事儿了，很不好意思，害羞得脸都红了，支支吾吾地将实情告诉了雷锋。原来，她们俩是因为借铅笔和橡皮的事情闹了小别扭，已经一个礼拜没有和对方说话了。

雷锋善解人意，劝导说："既然是好朋友，就不能为一点儿小事就不理对方，这样做是不对的。你们长大了还要一起建设祖国呢，现在就不团结在一起，以后还怎么一起工作、一起进步呢！"

两个女孩子听了雷锋的话，也都觉得自己不该为一点儿小事闹脾气，但又谁都不好意思先开口。雷锋看出了她们的心思，干脆牵起两人的手，说："那就握手言和吧！"

两个女孩子这才露出了开心的笑容，在雷锋面前握住了彼此的手。

这两个差点走上"决裂"道路的朋友，因为雷锋一段质朴又真诚的话语，再次牵起了彼此的手。在两个女孩子的人生中，这件事可能算不得什么重大事情，但雷锋带给她们的启示会使她们受益终生。

春风般温暖

雷锋常说："我活着就是为了使别人生活得更美好。"雷锋对他人的关爱就如春雨一般，"润物细无声"。

雷锋班上有个爱说爱唱的小伙子，叫小周。小周是个非常活泼的人，平时总能给大家带来快乐。可自从小周收到一封家书后，情绪便开始低落，不说不笑，整日愁眉苦脸。雷锋看出小周有些不对劲，就去询问小周。可小周只是摇头，什么也不肯说。后来，雷锋了解到，小周的父亲得了重病。

雷锋知道，以小周对工作认真负责的性格，他是绝对不会放下手里的工作，请假回家探亲的。雷锋思来想去，终于有了主意。他偷偷要来了小周家的地址，以小周的名义写了一封信寄了过去，并随信附上了 10 元钱。

不久，小周就收到一封家信，信里写道："寄来的钱已收到，父亲吃药后,病情好了很多,你安心在部队工作,不要惦记家里。"

小周看到这封家信很纳闷,自己从来没有寄过钱,也没让别人寄钱回家,究竟是谁给家里寄去了这救命钱?后来经过打听,终于知道,这钱是雷锋寄的。得知真相的小周,感动得快要哭出来,他不知道说些什么才能表达对雷锋的谢意,只能紧紧地握住雷锋的手,表达自己的无限感激。

雷锋还很关心战友的衣食住行。

有一次,连里组织20多个战士下山割草。队伍里有个身材魁梧的战士,大家都叫他"王大个子"。"王大个子"能吃能喝,力气也大,他还有个外号叫"大力士"。"王大个子"早上吃完了早饭,肚子还是饿,为了让自己干活有劲儿,他把中午的饭也提前吃了。

雷锋他们队伍里准备的早餐与午餐是定量的,没有多余的。"王大个子"挥汗如雨地干了一上午,中午肚子又不争气地咕咕直叫。每个战友的饭都是刚刚好,没有多出来的,他只能装作一点儿也不饿的样子坐在原地休息。细心的雷锋发现了"大力士"的难处,不顾自己饿着肚子,走上前将自己的饭盒递给"王大个子",说:"你累了一上午,中午不吃饭怎么行?这份给你吃吧。"

"王大个子"很不好意思,吞吞吐吐地说:"我……我吃过了。"

雷锋听见这话,知道他在说谎,笑着说:"别客气了,我知道

【雷锋名言】

　　对待同志要像春天般的温暖,对待工作要像夏天一样的火热,对待个人主义要像秋风扫落叶一样,对待敌人要像严冬一样残酷无情。

你吃过饭,但那是早饭,现在已经中午了。"

"王大个子"不好意思去接雷锋的饭盒。雷锋突然用手捂住自己的肚子,一脸痛苦的表情,说:"我肚子疼,这饭我实在是吃不下了,你就替我吃了吧。"

"王大个子"还是犹豫着没有去接,雷锋看不下去,干脆就把自己的饭盒硬塞到他手里,转身就走了。

雷锋后来在日记中记录这件事时,这样写道:

我虽然饿一点,让他吃得饱饱的,这是我最大的快乐。

因自己的行为使别人快乐而感到快乐,这大概是雷锋精神中最让人动容的一点。这种精神不掺杂一点杂质,它纯粹、美好。雷锋对他人是绝对的无私,自己获得的快乐,也是最纯粹的快乐。

这种精神,在后续的雷锋日记中也有体现。其中有这样一句话:

我觉得自己活着,就是为了使别人过得更美好。

这句话蕴含的精神,发人深省,使人受益匪浅。

雷锋的关爱对象并不是只有努力上进的优秀战士,面对犯了错误的战友,他也会毫不犹豫地主动伸手帮一把。

雷锋有个战友叫小范。小范生活上有些自由散漫,李连长为此在军人大会上当众批评了他。有些傲慢的小范完全不能接受领导的批评,内心里很不服,开完会后一个人噘着嘴生闷气。

雷锋见了,想要开导他,于是对他说:"别生气了,连长说得对。革命部队就是要有铁的纪律,像战争中的英雄们……"

还没等雷锋把话说完,小范就听不下去了,气呼呼地说:"行了吧!你少给我上政治课!"

雷锋听了这充满火药味的话，也不生气，只是满脸和气地笑笑，并没有往心里去。

苦孩子出身的雷锋，清楚同是苦孩子出身的小范本质上是好的，当时只是因为正在气头上，说话不注意方式和分寸。雷锋等了一会儿，看小范的心情平复一些了，又说："你想想，咱们从家乡来部队是来干什么的？是来自觉地服兵役保卫祖国的。领导的批评教育，战友们的关心帮助，都是为我们好，想让我们进步。军队是需要铁的纪律来规范的，这可不是在农村干自家的活，咱们就该自觉地遵守纪律。再说，在农村干活也还要有个劳动纪律呢。"

小范这次听了，没有像刚才一样激烈地反驳，而是安静地听着，脸上没有了不耐烦的表情。雷锋看出小范这是把自己的话听进去了，便继续说道："还记得我们入伍离开辽阳的时候，你家里人对你说了什么吗？他们说让你好好锻炼自己，做个优秀的战士。我们要牢记这些话，要不我们就对不起他们了。"

听到这里，小范低下了头。

雷锋想起小范以前说过的"人活着就是为了吃饭"这句话，便接着说："难道咱们来部队就是为了不饿肚子，混饭吃的？我觉得，吃饭是为了活着，可活着不是为了吃饭。我们活着是为了全心全意地为人民服务，为祖国做贡献。"

听了雷锋的话，小范幡然悔悟，他紧紧抓住雷锋的手，哽咽着说："雷锋，你就看我的行动吧！"

这之后，小范犹如脱胎换骨，最终成为一名优秀的解放军战士。

你快乐，所以我快乐

雨中情

雷锋做好事，是不挑日子、不定计划的。只要看到需要帮助的人，他就会伸出援手；看到求助的眼神，就会上前询问："需要帮助吗？"

1961年5月的一天，天气很糟糕，倾盆大雨无休无止地下着。雷锋必须要在这大雨天启程去沈阳。为了不耽误坐车的时间，他起了一个大早，往行李包里塞了两个馒头，披上雨衣就动身前往火车站。

雨下得很大，眼前的一切都变得模糊不清了。雷锋披着雨衣，行走在大雨中，突然看到前方影影绰绰的两个身影。他加快了脚步，走近一看，发现是一位大嫂和一个小女孩。这位大嫂右手牵着小女孩，左胳膊挎着一些行李，背上还背着一个小孩。她们没有雨具，就这样在大雨中艰难前行。

雷锋连忙脱下自己的雨衣，披到这位大嫂身上，关切询问："大嫂，您要去哪里？"

大嫂看着这位突然出现的热心人很感动，回答说："我们要去火车站。"

"我也去火车站。"说着，雷锋就将小女孩背到自己背上，跟大嫂说："咱们一路，送您过去吧。"

大嫂感动得不知说什么好，跟着雷锋一起向火车站走去。

到了火车站，雷锋没有立刻离开，他发现大嫂和他一样，都是去沈阳，就把她们送到了车厢里。刚才淋了雨的小女孩，此时已经冻得直哆嗦，嘴唇有些发紫。雷锋二话不说就脱下自己的衣服，给小女孩披上。他怕她们饿，拿出自己的馒头给她们，自己却饿着肚子。

火车到达沈阳的时候，天还在下着大雨。雷锋瞅了一眼外面的大雨，又将自己的雨衣披到大嫂身上，自己背起小女孩，要送大嫂回家。

大嫂不好意思再麻烦雷锋，一再推辞。雷锋一直坚持要送，说："这么大的雨，您带着孩子不方便回去，还是让我送吧，一点儿也不麻烦的。"

大嫂拗不过雷锋,只好让雷锋送自己到家门口。

送到家以后,雷锋就要离开,大嫂热泪盈眶地抓住他的手,说:"小战士,我可怎么感谢你啊!"

"大嫂,不用感谢我,这都是我应该做的。"

雷锋走到哪儿,好事就做到哪儿。有些人会说,哪里有那么多需要帮助的人?其实不是没有,而是很少有人留意。生活当中,处处可遇到需要帮助的人,像在公共汽车上看到的没有座位的孕妇,超市门前提不动袋子的老人,或者是不小心将东西遗落的人……只要我们有一颗像雷锋一样助人为乐的心,时刻准备伸出手帮助他人,我们的生活就会变得更美好。

【雷锋名言】

我深切地感到:当你和群众交上了知心朋友,受到群众的拥护,这便会给你带来无穷的力量,再大的困难也能克服,无论什么艰苦的环境中,都会使你感到温暖和幸福。

小小图书馆

班长,这是个许多人再熟悉不过的称谓。雷锋在部队曾当过副班长、班长,他带领着他所在的四班的战友们共同奋斗、共同进步,成为连里出了名的先进集体。

常言道:"一花独秀不是春,百花齐放春满园。"雷锋并不只顾自己一人进步,而是带动、帮助更多的人一起进步。这正是他将无私奉献、乐于助人的品质融入了自己血脉的最好体现。当这种品质真正转化为自身的一部分,精神就有了高尚的光芒,可以照亮周围的一切人与事,可以让百花齐放、春光融融。

雷锋做班长时，最为人所津津乐道的，就是他的"图书馆"。这个图书馆的由来，还要从他帮助战友补习文化课说起。

雷锋有个战友，叫小乔。小乔这人虽然工作用心努力，但是文化程度却不高。部队里开始普及文化课，小乔跟不上大家的学习进度，为此很头疼。见此，雷锋自告奋勇地去帮他补习，手把手教他写字，时常鼓励他、激励他，给他信心。在雷锋的帮助下，小乔的文化水平终于有了提高，部队里进行语文考试时还拿了100分。

小乔拿着成绩单，高兴地给雷锋看，兴奋地说："雷锋，你看，我得了100分！我这100分里，有50分是你的。"

雷锋看到小乔的成绩，替他高兴，谦虚地对他说："什么我的50分，这是你自己努力的成果。"

语文一科的补习结束没有多久，连里又要求战士们补习数学课。这让刚从语文学习中找到自信的小乔再次头疼起来。小乔本是信心满满地去上数学课，谁知一节课过后，却垂头丧气地回来了。他沮丧地对雷锋说："看来我这水平还是不行，数学是学不会了。"

雷锋当然不信小乔学不会数学，他不能任由小乔这样消沉下去，开始给小乔补习数学。可是连续补了几天，也没见什么效果。小乔的数学果真不如语文上手那样快，总是弄不明白其中的道理。这让小乔更加沮丧了。

看到小乔逐渐失去了学习的信心，雷锋很着急，又不知该怎样激励小乔。正巧雷锋在报纸上看到了一篇名为《毛主席关怀警卫战士学文化》的文章，他头脑中灵光一现，立刻拿着报纸去找小乔。

雷锋指着报纸上的文章说："看看这篇文章，就是专门为你写的。"

"为我写的？"小乔对雷锋的话摸不着头脑，他一个普通小战士，怎么会有人专门为他写文章。

雷锋不理会小乔的质疑，只是把报纸递到小乔眼前，说："你自己看看吧。"

小乔拿过报纸，一眼就看到上面有一张毛主席给战士讲课的照片，心里一热，就迫不及待地催雷锋把文章内容读给他听。

雷锋拿起报纸读了起来，边读边给小乔讲解，让他树立学习的信心。听完了全篇文章，小乔深受感动：连毛主席都这样关注战士的学习，自己怎么能轻易放弃呢？

知道该怎么做的小乔充满了斗志，他向雷锋保证道："不管有多困难，我也要把数学学好！"

雷锋见他又有了斗志，非常高兴，立马拿出早就为小乔准备好的本和钢笔，放到小乔手上，说："这个给你，用它们好好学习吧。"

小乔连忙拒绝："你都给我，那你用什么？"

"我还有呢，你就放心收下吧。"

小乔看雷锋如此有诚意，只好收下。之后小乔不好意思地向雷锋说："能把那张报纸也送给我吗？我想回去好好看看，用来激励自己。"

雷锋二话不说就把报纸给了小乔。

过了一段时间，在补习时，雷锋出了几道数学题想考考小乔。小乔接过来一看，自信地说："这不难。"和前几日的他相比，简直判若两人。

最后，小乔把答案交给雷锋检查，雷锋看过以后，非常惊喜，称赞道："小乔你进步很大。"

小乔被雷锋夸得不好意思地摸摸脑袋，谦虚地说道："还不是多亏有你帮我。要不然，我到现在也分不清加减乘除。"

雷锋"建图书馆"，就是为了方便像小乔一样想要学习的战友。起先，雷锋将书放在挎包里，后来，书多得放不下了，他就自己做了一个书架放书，供想要看书的人随时借阅。这个小书架就被大家命名为"雷锋图书馆"。

有位战友为雷锋"建图书馆"和帮助小乔的事情写了一段快板：

不用上书店，不用把腿跑，
不用借书证，不用打借条，
你要想看书，就把雷锋找，
小小图书馆，读者真不少，
上至连长，下至小乔。
小乔看不懂，雷锋把他找，
念给他听，指给他瞧，
两个小战士，团结得真好。

好班长

雷锋做好事的时候，都是默默地做，从不张扬。

有次夜里紧急集合，雷锋的战友小韩在慌张中不小心把电瓶里的硫酸水弄到了自己的棉裤上，烧蚀了几个小洞。等夜间紧急演习结束回来，小韩已经累得懒得理会棉裤上的小洞，脱了衣服就躺床上睡着了。

值完夜班回到宿舍的雷锋，像往常一样将战友蹬开的被子重新替他们盖好。替小韩盖被子的时候，雷锋发现了小韩破了洞的棉裤。当时的天气正冷，明天早上要是穿着这么一条破了洞的棉裤出操得多冷啊！雷锋不忍心让小韩穿着这样一条棉裤挨冻，他决定要在天亮前给小韩补好这条棉裤。

雷锋四处翻找合适的补丁布，可翻来翻去，发现自己棉帽里的衬布最合适，于是拆下自己帽子上的衬布，一针一线地缝补到小韩的棉裤上。

等到了第二天，小韩惊讶地发现自己的棉裤上的洞不见了，破了的地方都用布补好了。他惊讶地叫了起来："这真是怪呀！我的裤子被补好了。这是谁帮我补的？"

雷锋没有说话，只是用火钩子捅着炉子，好像这与他无关似的。其他人也没有人应声，都摇头表示不知道。只有昨晚负责站岗的小乔，知道事情的来龙去脉，看雷锋什么也不说，终于憋不住将实情告诉了小韩："是雷锋。他为了给你补裤子，半宿都没睡！"

小韩被雷锋深深感动了，紧紧抓住了雷锋的手。

雷锋曾在日记里写过这样一句话，这也是他做人的信条之一：

对待同志要像春天般的温暖。

雷锋做到了这一点。雷锋对别人的关心与帮助，不是刻意的，是不求回报的。他像春雨，滋润着万物，却从来都是无声无息的。他如此可爱、动人，周围的人发自内心地敬佩、喜爱他。

除了关心战友们的日常生活、文化学习，雷锋——这个班长，对自己负责的工作同样尽心尽力。

雷锋所在的四班，经常要开车执行运输任务。开车虽不像带枪打仗一样，时刻都有生命危险，但依旧存在很多不确定性，可能遇到各种问题。开车运输器材时，常常会在山间公路上行驶。山间道路窄、弯多，尤其是赶上天气不好，行车更是危险。

雷锋为了确保出任务的战友行车安全，会给班里的战友写出许多注意事项。战友们每次要出车去某地，雷锋总是给他们提前做好预案：先熟悉道路，了解这条道路上是否有行车需要特别注意的地方，再分析该怎样避免行车中容易出现的问题。除此之外，雷锋还和战友一起拟定了一个"四勤、三先、五不超、六不走、九慢"的安全措施。

"四勤"：勤检查、勤保养、勤督促、勤清洗。

【雷锋日记】

一九五八年六月七日

……如果你是一滴水,你是否滋润了一寸土地?如果你是一线阳光,你是否照亮了一分黑暗?如果你是一颗粮食,你是否哺育了有用的生命?如果你是一颗最小的螺丝钉,你是否永远坚守在你生活的岗位上?如果你要告诉我们什么思想,你是否在日夜宣扬那最美丽的理想?你既然活着,你又是否为未来的人类的生活付出你的劳动,使世界一天天变得更美丽?我想问你,为未来带来了什么?在生活的仓库里,我们不应该只是个无穷尽的支付者。

"三先":先慢、先让、先停。

"五不超":不超速、不超载、不超高、不超长、不超宽。

"六不走":行车文件不齐不走、车辆检查不好不走、油料不足不走、人员没坐好不走、操作机械有故障不走、没有上级首长的指示不走。

"九慢":转弯慢、交叉路口慢、坡道慢、人员多的地方慢、复杂气候慢、过铁道慢、道路不熟慢、桥梁渡口慢、错车慢。

上面这些行车安全措施,大概会让许多人嗤之以鼻吧,觉得这样开车真是麻烦、死板,要严格按这个"安全措施"开车,得耽误多少时间?但百分百的安全就是靠这些"麻烦"的安全措施得以实现的。

雷锋带领的四班,一共在山区行车2.6万多千米,未发生过一起事故。

零事故,这让许多司机都惊叹不已。更何况做到这点的,不是一个人,而是整个一个班。

雷锋这个班长,用自己的精神,用自己的行动,感染、带动着整个班集体。班里的每个人都潜移默化地学会了互相关心,学到了文化知识,懂得了人间真情,保证了工作顺利安全地展开。

奉献最美

好事一火车

> 人的生命是有限的,可是为人民服务是无限的,我要把有限的生命,投入到无限的为人民服务中去。

雷锋乐于助人、服务人民的事情不只发生在军营里,就连在出差的火车上也能见到雷锋做好事的身影。

参军后不久,雷锋因为工作的需要,常常乘火车出差。有一天,雷锋乘火车从沈阳到旅顺。列车停靠在某个站点时,一位老大娘正提着重重的行李往车上走。雷锋赶忙上前帮老大娘提行李,还把自己的座位让给了她。

上车的旅客越来越多,乘务员忙得不可开交。雷锋心想:作为一名共产党员,我的责任就是要全心全意地为人民服务。于是,他开始帮乘务员端东西、指引旅客。旅客全部上车以后,火车再次开动了。这时,雷锋又开始打扫卫生。他先是拿起扫帚,把整个车厢的地面全都扫了一遍,然后又擦桌子、擦玻璃。他看到旅客疲惫的样子,就赶快倒来热水。

有位老奶奶看到雷锋忙前忙后,一刻都没有休息,便关切地说:"孩子,瞧你累得满头大汗,赶快休息一下吧。"雷锋笑着说:"没关系,我不累。"

雷锋在车厢里的一举一动同样感动了很多人。一位刚上车的军官握住雷锋的手,称赞道:"大家都应该向你学习!"雷锋大声地回答:"为人民服务是我应该做的。"

列车在不停地飞驰,旅客们相互熟悉起来。他们有的唠家常,有的打扑克,有的在看书……这时,车厢里的广播中传来了乘务员的声音:"旅客朋友们,大家好!现在我们要在车厢里选出一位旅客代表,大家觉得谁比较合适呢?"只见一位旅客站起来,伸手指向雷锋,高声喊道:"我们选这位解放军同志,大伙说好不好啊?"

旅客们边鼓掌边齐声回答:"好!"雷锋觉得仿佛有一股暖流涌上心头,他感动地说:"谢谢大家对我的信任,以后我会做得更好!"

车上的旅客们来自五湖四海,现在亲热得就像一家人。有的问雷锋平时喜欢做什么,有的告诉雷锋自己的工作情况……在漫长的旅途中,雷锋用自己的爱心和热情把为人民服务的行动体现得淋漓尽致。

"雷锋出差一千里,好事做了一火车。"这句人们争相传颂的话,是对雷锋时时处处为人民服务精神的总结。更可贵的是,雷锋将服务人民的精神传递到了每个得到帮助者的心中,使这种精神不断传递下去。

从小到大,我们都是在父母的悉心呵护下成长的,都是在一味地索取。静下心来,好好地想一想,你有没有把自己的爱给予父母,

【雷锋名言】

……人民的困难,就是我的困难,帮助人民克服困难,贡献自己的一点力量,是我应尽的责任。我是主人,是广大劳苦大众当中的一员,我能帮助人民克服一点困难,是最幸福的。

给予我们身边的亲人、朋友？面对边远山区没钱上学的儿童，你有没有奉献出自己的爱心？

"只要人人都献出一点爱，世界将变成美好的人间。"一个国家，一个民族，在不断成长的道路上，是多么需要甘于奉献的人。就让我们从小事做起，从身边事做起，学会奉献，甘于奉献！

如此"大方"

雷锋勤俭的品质，一直是有口皆碑的。他从不乱花钱，每月领到津贴费，只留出需要上缴的团费和买肥皂、买书的钱，其余全部存进储蓄所。长年累月，储蓄所的工作人员都认识他了。雷锋每次去存钱，储蓄所的工作人员都会热情地跟他打招呼说："雷锋同志又来存钱啦？"

但勤俭朴素的雷锋，也有"挥金如土"的时候。那是在某次办事的途中，他来到抚顺市南望花区，看到那里的人民群众正在召开大生产动员大会。雷锋很高兴，他一直想为祖国建设贡献自己的力量，但是作为一名普通的解放军战士，能做到的事情十分有限。他非常想为祖国的建设添砖加瓦，可一直找不到合适的方式，这次望花区的活动让他豁然开朗，想到了一个最直接的方法——捐款。这样就可以将自己的力量贡献到祖国需要的地方去了。

说干就干，雷锋立刻去了储蓄所。储蓄所的工作人员热情地接待他，以为他又是来存钱的，谁知雷锋说："我这回是来取钱的。"

工作人员很惊讶："取钱？取多少？"

"我存了多少？"

工作人员帮他查看了一下，告诉他："203元。"

雷锋紧接着说："那就取200元吧。"

工作人员一听，更加惊讶，这200元，对于一位普通战士来说，绝对是个大数目啊！没有急事肯定不会取这么多，于是又关切地问了一句:"是家里急着用钱?"

雷锋愣了一下,他已经好久没有听过"家"这个词了。他马上又干脆地回答:"对,是家里急着用钱。"

雷锋取出200元钱后,立即来到望花区党委办公室,要将自己的这笔存款捐给他们。党委办公室的同志看到雷锋手里的200元钱,非常感动,他们知道这是一位普通战士的全部存款。党委办公室的同志知道雷锋攒这200元钱不容易,耐心地劝说道:"你对人民的心意我们领了,但是这钱你还是留着给自己和家里人用吧。"

"这钱就是给家里用的!"雷锋激动地说,"我是孤儿,人民就是我的父母。如果我的父母还在世的话,一定不会拒绝一个儿子给的钱。"

党委办公室的同志看着雷锋真诚的眼神,彻底被他的真情打动,答应了他的请求,不过依旧坚持不收下全部的200元钱,只收下其中的100元钱。

雷锋"挥金如土"的行为,并不是只有这一次。在这件事情发生后不久,辽阳地区遭受了百年不遇的特大洪水。雷锋对辽阳很有感情,他曾在那里生活、劳动,还在那里参了军。他想到辽阳人民正遭受洪灾,就焦急万分。他带病奋战在抗洪前线,但觉得这样的努力还是不够,他想要尽最大的能力去帮助灾区。这时,雷锋想到了他剩下的那100元钱,于是他立刻写了一封慰问信,并随信附上了那剩下的100元钱,寄到了灾区。灾区领导收到雷锋的信和钱后万分感动,得知此事的人们,也深受感动和鼓舞,与洪水战斗的时候充满了信心与斗志。

雷锋在日记里也提到过这件事,他这样写道:

望花区成立了一个人民公社,我把平时节约下来的一百元钱,支援了他们;辽阳市遭受了洪水的灾害,我把省吃俭用积存的一百元钱寄给了辽阳灾区人民。有些人说我是"傻子",是不对的。我要做一个有利于人民、有利于国家的人。如果说这是"傻子",那我是甘心愿意做这样的"傻子"的。

究竟这种行为傻不傻,已无须评论。当雷锋收到来自四面八方、各行各业的人寄来的感谢信时,这种"傻子"的评论,也就不攻自破了。

有时候,"傻"与"大爱"是分不开的。就像2008年我国汶川发生大地震的时候,许许多多的人都曾是一个像雷锋一样的"傻子",无私地将自己的爱心奉献出去。每个人奉献的方式或许不同,也许是捐出几百元钱,也许是捐出一件衣服,也许是写一篇激励人心的文章……但这其中所蕴藏的关心与爱却是相同的。

这是"傻"吗?不!这是对人民展现出的最伟大的奉献精神。

有一分热,发一分光

星期天,对于我们来说是休息日,而在雷锋的眼里,似乎和平常的日子没有太大区别,因为他总是忙碌着。工作的日子,雷锋会从中找到乐趣,不会感到厌倦;休息的日子,他会奉献出自己的时间,多帮助别人,从中感受奉献带来的幸福。

夏季的一个周末,大家各自行动起来,有的叫上伙伴去照相,有的到街上去买东西……

雷锋早早起来打扫卫生。班里的一位战友走过来说:"雷锋,今天天气这么好,你不出去走走吗?我可要去逛公园啦。"雷锋扭过头,笑着说:"我一会儿打算去图书馆借本书,你先去玩吧。"

吃过午饭,雷锋朝着图书馆走去。今天风和日丽,艳阳高照,让人觉得心情大好。雷锋边走边享受着阳光。这时,只听见从一个方向传来了阵阵歌声,再仔细一听,唱的是《社会主义好》。雷锋好奇地循着歌声寻找,来到了一个工地。那里的工人有的在推车运砖块,有的挑着担子运送物料,一幅热火朝天的劳动场面。

这时,从空场上的大喇叭里传来了清脆悦耳的声音,"同志们,现在我们开展一项劳动竞赛。比一比谁的干劲儿足,比一比谁用推车运的砖多!相信这一定是你们各显其能的好机会,预祝大家能取得好成绩!"

雷锋被这振奋人心的场面吸引住了,他立刻加入到了劳动竞赛之中。他看见旁边正好有一辆空的推车,便伸手扶起把手。旁边的小屋里有一位老大爷,看见雷锋的举动,赶忙问道:"你这是要把车推到哪里去啊?"雷锋扭头回答:"老大爷,广播里说马上要开始运砖块的比赛了,我要用它去运送砖块,和工人们一起劳动!"老大爷听完欣慰地笑了笑,刚想开口问这个小伙子是谁,只见雷锋挽起袖子,推起车,朝砖场的方向跑去。

【雷锋名言】

不经风雨,长不成大树;不受百炼,难以成钢。迎着困难前进,这也是我们革命青年成长的必经之路。有理想有出息的青年人必定是乐于吃苦的人。

激烈的运砖比赛开始了,雷锋和工人们将一块块红砖放进推车内,装满整整一车砖后,快速开始运送。这么有序的工作,远远看去,就像一条条整齐的流水线。大家你一趟我一趟,你追我赶,劳动热情越来越高涨。好几个来回下来，雷锋已经大汗淋漓，全身的军装都快要湿透了。他用胳膊抹去了脸上的汗，脱掉上衣搭在推车的扶手上，稍微休息了片刻，再次投入到紧张的劳动之中。

一位工人见到雷锋这样卖力地运砖块，感到莫名奇妙，上前问道："你是哪个单位派来的？来参加义务劳动？我怎么从来没见过你？"面对工人接连抛出的问题，雷锋笑着说："是你们的劳动热情吸引我来到这里的。"工人摸了摸脑袋，又说："今天可是星期天，你献出自己的休息时间，和我们一起劳动，这样的精神真是值得我们学习啊！"

这位工人说完，似乎想到了什么，径直跑到广播室里。原来，他到那里把雷锋的事迹告诉给广播员，希望通过广播号召大家向这位可爱的解放军同志学习。

不一会儿，广播员和那位工人一起找到了雷锋。广播员说："解放军同志你好，请问你是哪个部队的？"雷锋喘着粗气，回答道："我是人民的子弟兵。"广播员笑着又说："你利用自己的休息时间，义务帮助工人劳动，我们应该宣传你的事迹。可以说出你的名字吗？"雷锋不假思索地回答："我和工人们一起劳动，是在为祖国做贡献，是应该做的，不值得表扬。"尽管广播员再三追问，雷锋始终也没有说出自己的名字。

这时，在工地上的团支部书记也走了过来，握住雷锋的手，赞叹道："解放军同志，你的干劲儿鼓舞了工人们。一下午的时间，我们已经超额完成了任务。我们都应该向你学习！"

雷锋听得心里暖暖的，谦虚地说："我只是尽了自己的一点力，为祖国建设添了砖，加了瓦。有一分热就发一分光吧。"

雷锋曾这样写道：

"一滴水"就要"滋润一寸土地"；"一粒粮食"就要"哺育生命"；"一颗螺丝钉"就要"永远坚守在生活的岗位上"；

"一线阳光"就要"照亮一分黑暗";"一分热"就要"发一分光"。

他用生动的文字表达了自己对生活的态度及奉献之心,也用实实在在的行动做了证明。

雷锋这样告诫自己:"我要牢记这样的话,永远愉快地多给别人,少从别人那里索取。"其实,雷锋的奉献精神往往体现在工作、生活的小事中。给予和索取,奉献与回报,在雷锋看来,前者比后者更加重要。

我们总是觉得休息的时间很难得,一到休息日就放松了自己。回过头来,却发现宝贵的时间都被我们荒废掉了。我们应该向雷锋一样,在休息的时候做一些有意义的事情。业余时间,你可以学习课本以外的知识,做一些有益身心的运动;或者把时间奉献出来,去看望那些需要帮助的空巢老人,去孤儿院照顾那些被遗弃的孩童……相信,那一定会是一个与众不同的假日,同样,你也会得到不一样的收获。

要干就干,干就干好

优秀拖拉机手

随着我们国家建设步伐的不断加快,雷锋所在的县决定在团山湖开垦一片农场。这时候,雷锋将自己平时节约下来的20元钱全部捐献出来,为县里购买拖拉机增添资金。

农场建成后,雷锋积极地加入到劳动队伍当中,学习驾驶拖拉机。他每天清晨都是第一个来到拖拉机旁,一边擦拭,一边观察结构,想赶快学会驾驶它,为团山湖农场出一份力。

老陈师傅教雷锋开拖拉机,他看出雷锋是个勤奋好学、有股子韧劲的年轻人,就把自己总结的经验一一传授给了这位小徒弟,使雷锋的驾驶技术有了很大的进步。对于学习驾驶拖拉机,雷锋也有一番自己的感受。他曾经这样写道:

  学习了一个星期,懂得了一些操作方法和基本知识,老陈就让我实验驾驶。他真的让出座位,站在一旁指点我。我一坐上驾驶台,心跳得很快,生怕开不动,别人会讥笑;又怕没有力,转不动方向盘;还怕刹不住车,就更糟。我的心情既紧张,又快活,手脚都不自由地颤抖起来。老陈对我说:"不要怕,要放勇敢些!"这时,我才把油门加大,把离合器向上一推,拖拉机嘎嘎地开动了。可是,拖拉机总不听我的指挥,走弯路。开了一会儿,我不怕了,心也跳得不那么厉害了,手脚也慢慢地不发抖了。这时,拖拉机也听我使唤了。在这个时候,我的心情又是多么喜悦呀!我回头望望,看到那可爱的肥沃土地,很快地被犁翻了,仿佛看见了一大片绿油油的可爱的庄稼。

  ……

  吃饭的时候,还好像坐在拖拉机上似的,不停地摇晃着;拿起筷子,像握住拖拉机的操纵杆一样,随手拽动。两只脚像踏在"刹车"和"油门"上,自然地踏动着。

雷锋心想:既然选择学习开拖拉机,就要学好,功夫就要下到家。从此以后,雷锋与拖拉机朝夕相处。他从一窍不通到熟练驾驶,不断积累经验,终于成为一名优秀的拖拉机手,同时,他也成为县里第一批年轻的拖拉机驾驶员。

阅读雷锋的日记就仿佛听到他在讲自己的故事和经历。雷锋学习驾驶拖拉机,从陌生到熟悉的过程,让我们了解到一个真实的、一个学习新鲜事物会感到紧张和害怕、有着好奇心的雷锋。在成长的过程中，我们每个人都需要不断学习新的本领。无论是学习，还是做某件事情，总会有一个循序渐进的过程。我们要像雷锋一样，对自己说：既然学了就要学好，既然做了就要做好。

推土机能手

湖南的天气温润潮湿，而辽宁却寒冷多风。雷锋从湖南来到辽宁鞍山工作，从南方到北方，对于雷锋来说，既陌生又好奇。远离了家乡的他会迎来哪些考验呢？

刚到鞍山钢铁厂，雷锋和其他青年们一同参观了高大的厂房。"那多得像春天里生长的春笋一样的烟筒，那密如繁星的炼钢炉，那沸腾的钢水，那堆得像山一样的钢材，那机器的响声比春雷还凶……"眼前的一切令雷锋兴奋极了。他心里想着：一定要好好工作，把自己的能力全都发挥出来。

厂里陆续开始为青年们安排岗位。领导看到雷锋的表格里写着会开拖拉机，立刻找到他，问道："你这么年轻就会开拖拉机，是真的吗？"

雷锋坦率地回答："是真的。"

领导接着说："这真是一件难得的事情。既然这样，现在分配你去当推土机手怎么样？"

雷锋信心满满地说："行！我会努力做好的！"

领导拍了拍雷锋的肩膀，说："希望你能凭借之前的驾驶经验，发挥自己的长处，开好推土机。"从那一刻起，雷锋心中的劳动热情更高涨了，他迫不及待地想投入到生产中去。

第二天，雷锋兴致勃勃地来到煤场，向老李师傅学习驾驶C-80型号大型推土机。从开始学习开推土机起，雷锋就认真听老师傅讲它的操作技巧，关注并记录下驾驶推土机与驾驶拖拉机有哪些近似的地方，又有哪些区别。

每天雷锋都坚持早来晚走，珍惜熟悉这个"大家伙"的每一分钟。当钳工为推土机做检修的时候，雷锋总是凑到跟前，边看边学，了解它的内部构造和性能原理。这一切，雷锋的师傅看在眼里喜在心上，见到旁人都要夸一夸："在我教过的徒弟里，雷锋是年龄最小的，可是就数他学得快、学得好。像雷锋这样虚心好学、热爱工作，能够专心致志地投入进来并且愿意钻研的年轻人，真是难得啊！"

开推土机常年在露天工作，不但风吹日晒，还要在煤堆上来回活动，所以需要定期为推土机清洁、检查，以确保在工作中不会出现问题。对机器的保养，雷锋从不疏忽。夏天还好说，冬天是最困难的，衣服穿得太厚行动就会不够灵活，每次雷锋都会脱掉大衣，熟练地侧身进到推土机的底盘下面，用手把油槽里的水放出来，然后开始清洗滑油泵。他认真地做着每一个步骤，冰凉的手已经变得黑乎乎了，浑身连水带土，浸湿的衣服都结了冰碴儿。

清洗工作结束后，雷锋起身，双手用力地搓，不断地吐出几口

哈气，才能让冻得冰凉的双手暖和一点儿。看着干净的推土机，有一种发自内心的成就感。对于他来说，这么做不仅清洁了推土机，还能让自己更加了解它。

有一天中午，煤场又运来了一批新煤。不一会儿，空场上就堆起了几座煤山。雷锋和老李师傅驾驶着推土机向煤山顶上爬，但是没开出多远，推土机就"咣当"一声不动了。这么一个十多吨重的"大家伙"突然停在了斜坡上，上不去也下不来。一时间也搞不清楚究竟是哪里出了问题。这时，雷锋从驾驶室出来，看了看周围的情况，对师傅说："推土机停在这里实在是太危险了，咱们先想办法把它拖下去吧，之后再查明原因。"师傅点了点头，说："只好先这样了。"

于是，师徒二人找来了牵引绳，将绳的一端拴在吊车有力的车臂上，另一端拴在推土机的牵引钩上，然后，启动吊车把推土机拖到了平地上。这时，雷锋立刻进入驾驶室，试着重新开动推土机。只听"嗵嗵嗵"几声，推土机又"活"了。原来并不是机械故障，发动机也没出问题，那么，究竟是怎么回事呢？

雷锋带着疑问向老李师傅请教，老李师傅说："这台 C-80 算是老物件了，早些时候爬 40 多度的坡熄过火，没想到这回刚上个小坡就动弹不得了。"

雷锋着急地说："如果推土机不能爬坡，就没办法把眼前的几座煤山推走。这样一来，肯定会影响工作进程呀！"

面露难色的李师傅说："这个问题很棘手啊！"

晚上，为了弄清推土机的问题所在，雷锋不但找出了 C-80 推土机的说明书，还搜集了相关的机械书籍。大半个夜晚，他都在翻阅资料，攻克难题。功夫不负有心人，最终，雷锋的研究取得了进展，他找到了解决问题的办法。

第二天清早，雷锋找到李师傅，高兴地说："我找到推土机的问题所在了!"李师傅似乎不敢相信自己的耳朵,忙问:"不可能吧,这么短的时间里你找到解决问题的方法了?"雷锋耐心地为他讲解道:"推土机在倾斜角度大的地方工作,很容易使发动机超负荷运转,从而使汽缸里面进的油少了,空气多了。这样一来,推土机肯定要熄火的。"

雷锋的话让李师傅恍然大悟,他大声说道:"对啊!我怎么没想到!你这个年轻人,比我强!对待工作,像你这么下功夫,什么技术都能学会啊!"

后来,雷锋和师傅一起改进了推土机的作业方法,避免再出现爬坡熄火的现象,加快了工作进度。为此,雷锋受到了表扬,还被评为厂里的"先进生产者"。

雷锋跨出学校的大门,来到工厂,后来,又进入军营。这一步步走来,他更换了工作岗位,改变了工作地点。但无论在哪里、做什么,雷锋都以"干一行,爱一行,专一行,精一行"的精神要求自己,在平凡的岗位中取得了骄人的成绩,获得了许多光荣称号。

然而,雷锋并没有因为获得了荣誉沾沾自喜,反而更加热爱自己的本职工作。他认为,只有"干一行,爱一行,专一行,精一行",才能真正地把工作做好。

俗话说"行行出状元",我们不但要在学校里争当"学习状元",长大后,更要像雷锋一样,在工作中"干一行,爱一行,专一行,精一行",争当行业里的佼佼者。

军中理发师

雷锋总是一心为他人着想,在生活上,为了让大家能够更加舒适和便利,细心的雷锋总能想出好办法。

炎热的夏季,战士们每天忙碌地训练,开车外出执行任务,来回差不多要耗费大半天的工夫。赶上中午日照强,汗水就顺着头皮一个劲儿地往下流。战士们头发短,长得快,如果不能及时理发则更加难耐酷热。有的人还会因此而中暑,不但影响了身体,还耽误了工作。

雷锋注意到这一点,心想:酷暑时节,如果能帮战士们多剪几次头发,也能起到降温的效果。雷锋想到这里,立刻付诸行动。他自费买来了理发工具,同时也学习了简单的理发技巧。平时看理发师们理发很简单,他觉得,自己动手剪头发,应该不是什么难事。雷锋兴高采烈地跟大家说:我要义务为你们剪头发啦!

听说雷锋要给大家伙理发,战士刘正武自告奋勇,要雷锋第一个给他剪。周六的早晨,刘正武早早地端坐在椅子上,等着雷锋给他理发。看到刘正武满脸期待的样子,雷锋开始紧张起来,手中握着剪刀,突然不知该如何"下手"了。

下第一剪子的时候还好,可是到了后面,雷锋握着剪子的手就好像不听使唤了,一个劲儿地抖。只听刘正武"啊呀"一声大叫,然后握着头发委屈地说:"雷锋,你的剪刀夹住我的头发了,真疼!"雷锋连忙放下剪刀,道歉说:"对不起,对不起,是我的技术不佳。"刘正武扭过头说:"没关系,那我等你学好了理发再来吧。"这时,雷锋从刘正武的脸上看到了一种失望的表情,不禁深深地自责和愧疚起来。本来,给大家义务理发,是个好想法,谁知好心没有办成好事儿,都是因为自己的理发技术太差了。雷锋这样想着。

任何人,就算他再有本事、再优秀,也不可能什么事情都会做。但是,所有事情只要努力学习都会做好的。从那以后,雷锋常常利用休息时间到理发店学习理发。理发店里的师傅们都很好奇,这么一个年轻的战士,怎么突然要学习理发呢?在雷锋说明了来意之后,大家不但称赞他为战友着想、帮助大家解决困难的精神,还主动把各自的手艺教给雷锋。

一开始,雷锋总也剪不好,总是不得要领。他便虚心地向师傅们请教,甚至牺牲了自己的午饭时间,跑到理发店继续学习。雷锋想,理发这件事,既然决定了要做,就要做好!自己花一点时间,用一些精力,是值得的。一定要以最快的速度学会、练好,就能为战友们理发了!雷锋重复着学习、练习的过程,一次、两次、三次……经过无数次的练习,雷锋的理发手法从生硬到娴熟,拿剪子的手都磨出了茧子。

理发是一项技术活儿,想要学会其实并不容易。雷锋用曾经在报纸上见到的话来激励自己:任何新生事物的成长都是要经过艰难曲折的。在社会主义事业中,不经过艰难曲折,不付出极大努力,总想一帆风顺就得到成功的想法,只能是幻想。

雷锋脚踏实地、认真地学习理发技术,不断摸索其中的技巧。经过一段时间的学习,雷锋终于从理发店学徒归来。这回,雷锋可是带着真本领回归的"军中理发师"。他召集战友们,开始正式为大家理发。只见雷锋站在战士身后,剪刀在发间飞舞,顿时,战士感觉到头上传来丝丝清凉。

"头发剪好啦,你觉得满意吗?"雷锋认真地询问。战士看着镜子里的自己,觉得精神了许多,对雷锋的理发技术给予了肯定。

大家都想体验一下雷锋的理发技艺,于是,门外排起了长队。"下一位谁来理发?"雷锋抬头问了一句,只见刘正武朝他走来。刘正武将信将疑地说:"这回不会夹住头发了吧?"雷锋拍拍他的肩膀说:"放心吧,肯定不会,我正要向你发出邀请呢!"一会儿工夫,雷锋就为刘正武剪出了利落的短发,整个人看起来精神不少。此时的刘正武红着脸说:"之前我对你的态度不好,请你原谅。这么短的时间,你就能剪得这么好,我真是对你刮目相看呀!"

战士们一个接一个排队剪发,雷锋一刻也没有休息,坚持为众多战士剪完头发。看到大家满意的微笑,雷锋心想:这么长时间的努力没有白费，自己的付出是值得的。

后来，雷锋为战士们理发的事迹在军营里传开了，大家都亲切地称他为"军中理发师"。不仅仅是在夏天，任何季节，只要是战士们需要，雷锋都会欣然为他们理发，而且不收取一分钱。

雷锋为战友带来方便，他像一缕清风，为军营带来凉意，他这种无私奉献的精神让我们钦佩。同样值得我们学习的是雷锋对待事情"要干就干，干就干好"的态度。一开始，雷锋并不会剪头发，理发对雷锋来说是个新技能。通过长时间的学习，雷锋才掌握了剪发的技术，才能完成自己为战友们理发的心愿。不会做，就学、就练，直到做好为止。不会并不可怕，只要有决心做好，并真正付出行动，你也可以像雷锋一样掌握新技能，把事情做得很好！

锐意进取

闪光的螺丝钉

放弃学业，过早地进入社会，对于这个选择，雷锋并没有后悔。他认为，参加工作是为祖国建设出一份力，在社会这所大学里同样能够学到知识。

离开学校后，雷锋到湖南省望城县县委工作。既勤快又好学的他很快就融入了这个新的环境，县委的同事们都喜欢叫他"小雷"。

有一天，雷锋陪张书记一同外出。半路上，雷锋踩到一颗螺丝钉，便顺势把它踢到了路边。张书记眼见小小的螺丝钉滚到路旁，便弯下腰把它拾了起来，吹了吹土，然后放进了衣服兜里。雷锋看着张书记这么做，有一丝纳闷，不过没想太多就继续朝前走去。

几天后，雷锋要到工厂送信。张书记把他叫到跟前，对他说："小雷，你看这是什么？"雷锋往张书记的手中一看，原来是那颗螺丝钉。

张书记语重心长地说："你把它也一起送到工厂去吧。目前我们国家物资匮乏，每一个小零件都不能随意丢掉。一颗小小的螺丝钉，机器缺了它也无法运行。"雷锋接过螺丝钉，并紧紧地攥在手里，心中默默地想：我也要像螺丝钉一样，发挥出自己最大的作用。

一颗小小的螺丝钉影响了雷锋的一生。从工人到战士，从团员到党员，雷锋始终没有忘记螺丝钉带给自己的启迪。他曾在日记中写道：

一个人的作用，对于革命事业来说，就如同一架机器上的螺丝钉。机器有许许多多的螺丝钉的连接和固定，才成了一个坚实的整体，才能够运转自如，发挥它巨大的工作能力。螺丝钉虽小，其作用是不可估量的，我愿永远做一颗螺丝钉。

螺丝钉要经常保养和清洗，才不会生锈。人的思想也是这样，要经常检查，才不会出毛病。

……

雷锋没有因为岗位的平凡而懈怠，而是下定决心，努力追求上进，不断强化自己，在工作中有所作为。正是因为雷锋懂得了这样的道理，始终保持着锐意进取、自强不息的精神。

老一辈革命家董必武曾经写了一首诗——《歌咏雷锋同志》，其中有几句是这样写的：

螺丝钉不锈，历史色长新，
只做平凡事，皆成巨丽珍，
普通一战士，生活为人民。

在我们的生活中，有很多看起来不起眼的事物，却常常发挥巨大的作用，给我们带来深刻的启示。我们也应该像雷锋那样，在生活的点滴中有所领悟，不断学习，不断进取，做一颗永不生锈的螺丝钉。

善于挤，愿意钻

雷锋曾就时间与学习的关系，写过这样一段话：

> 有些人说工作忙，没有时间学习。我认为问题不在于工作忙，而在于你愿不愿意学习，会不会挤时间。学习的时间是有的，问题是我们善不善于挤，愿不愿意钻。
>
> 一块好好的木板，上面一个眼也没有，但钉子为什么能钉进去呢？这就是靠压力硬挤进去的，由此看来，钉子有两个长处：一个是挤劲，一个是钻劲。我们在学习上，也要提倡这种"钉子"精神，善于挤和钻。

这就是人们所熟知的"钉子精神"。如果大家看了上面雷锋那段话还是不能理解"钉子精神"的深意，那就看看雷锋以身作则发扬"钉子精神"的故事吧。

有一次，雷锋去工人俱乐部看电影。到电影院后，雷锋想到距离电影开演还有一段时间，便在自己的座位上拿出书看了起来。这一幕被坐在后排的一个小朋友看到，这个小朋友好奇地探过脑袋，想看看这位解放军叔叔看的究竟是什么书，来电影院看电影还舍不得放下。谁知仔细一看，发现这不就是自己学校的校外辅导员雷锋叔叔吗？孩子惊喜地跟雷锋打招呼："雷锋叔叔！"

雷锋回过头来，发现了这位坐在自己身后的小朋友。

小朋友把自己的疑问说了出来："电影马上就要开演了，这么点时间,您还看书啊!"

"我已经看了三四页了,时间一点也不短,看一页是一页嘛,学习必须要抓紧时间。"

随后雷锋又问这位小朋友:"你学习时时间抓得紧吗?"

小朋友有些不好意思,挠挠头说:"没有。"

"不抓紧可不行。你们能在学校里上课,这么好的环境,多难得啊。更要抓紧时间,好好学习了。"说到这里,又急忙补充说,"也不是要把所有时间都用来看书。该学习的时候就学习,抓紧每一分钟,不要把时间浪费掉。"

这既是雷锋对小朋友的教诲,也是对自己的提醒。雷锋一直严格要求自己,抓紧每一分钟时间进行学习。有一次,雷锋的领导高指导员,就曾目睹过雷锋抓紧时间"夜读"的情景。

那是一天晚上,大多数战士都已熄灯睡觉,高指导员刚从营部开会回来,看到连部办公室的灯还亮着,他走过去一看,只见雷锋正在灯光下埋头苦读,连他走进去都没有发现。

高指导员关切地询问:"雷锋,怎么还不睡觉?学习是很重要,但休息也很重要。已经很晚了,快去休息吧。"

雷锋见指导员回来了,连忙站起来应道:"我读完这篇文章就去睡。"

此时已经11点多了,高指导员摆摆手说:"你明天还要出车,快去睡觉吧。"

雷锋想了想,的确有些晚了,就算自己不休息,指导员也该休息了。他连忙收起书,回到了自己的宿舍。

高指导员的宿舍就在连部办公室的里屋。半夜,高指导员醒来,发现连部办公室的灯还亮着,他披上衣服过去一看,原来是雷锋又回来看书了,依旧是聚精会神地埋头苦读。这次高指导员没有打扰雷锋,而是悄悄走到他身后,低头看他在看什么书。他发现雷锋不光看，还在书的边角空白处写上读后感，做上标记。雷锋此时看的这页，就写着：……外因是条件，内因做决定，要想求进步，主观多努力。

看到这些，高指导员赞许地点点头。

这时雷锋才发现了高指导员，连忙站起身，抱歉地对高指导员说："我影响您休息了，指导员。"

高指导员笑笑，挥挥手表示没关系。他让雷锋不用在意，继续看书，而自己随手拿起几本雷锋看过的书。高指导员发现，雷锋读书时写出了许多心得。这些心得有长有短，短的，如"好！""牢记！""就这样办！"长的，字里行间都体现着雷锋自己的深刻思考。例如这段文字：

> 无数革命先烈，为了人民的利益，牺牲了他们的生命，给我们换来了幸福。今天，我们没有理由不好好工作和学习，没有理由不改正缺点和错误，没有理由只顾自己、不顾集体，没有理由只顾个人眼前利益，而忘记了整个无产阶级的最大利益。

每本书里或多或少都会有一些雷锋写下的警句，看过的人不禁对这个小战士肃然起敬。我们来看他写下的这样一句话：

> 我活着只有一个目的：就是做一个对人民有用的人。

一个年纪不大的战士，却有着如此深刻的思想，如此认真学习的态度。高指导员看着还在埋头苦读的雷锋，很是钦佩。他想，要是每个人都能学习雷锋这种对待学习的刻苦精神，该多好啊！

雷锋又看了一会儿书，发现高指导员也不去休息，在这里陪自己,很过意不去,就劝指导员:"您明天还有工作,该早点休息了。"

"你明天不是也要出车吗?"指导员看了看表,都已经半夜两点了,忙催促雷锋,"你也快去睡吧,明天好有精神出车。"

雷锋这才收拾好自己的书,回宿舍休息。

雷锋的"钉子精神"看起来不起眼,但真正那样做了,就会发现其中蕴含着无穷的力量。他这种勤学习、肯钻研的精神启发和鼓舞着我们所有人。

挑战自我

雷锋梦寐以求的愿望终于实现了,1960年1月8日,他参军了。"新兵",是雷锋进入军营的另一个称呼。作为新兵连的一个战士,雷锋既兴奋又自豪。当天晚上,他无法掩饰激动的心情,将自己的心声写到日记中:

> 这天是我永远不能忘记的日子,这天是我最大的荣幸和光荣的日子。我走上了新的战斗岗位,穿上了黄军装,光荣地参加了中国人民解放军。我好几年来的愿望在今天已实现了,真感到万分的高兴和喜悦,这是我一生最大的幸福。……晚上我怎么也睡不着,我的心就像大海的浪涛一样,好久不能平静……

第二天,新兵连的战士们被领到操场进行参观。站在宽阔平坦的操场上,看到老兵正在进行队列训练,雷锋不禁投去了羡慕的目光。

很快,新兵开始接受训练,第一个科目就是练习站姿和列队。太阳晒、身体疲劳都没有对雷锋产生任何影响,他总是争取做好每一个动作。雷锋的认真劲儿引起了薛班长的注意,多次对他进行表扬。

新兵连需要训练的基础科目很多，其中有一项是"投手榴弹"。战士们个个血气方刚，都心怀战场杀敌、报效祖国的梦想，因此面对这个科目训练，大家都跃跃欲试。

班里有个姓王的战士，身材高大魁梧，投手榴弹对他来说简直就是小菜一碟。只见他向前跑了几大步，顺势扔出手榴弹，轻轻松松就越过了50米以外的标准线。可是，雷锋用了很大力气也没有取得好成绩。他没有放弃，不断调整姿势，反复体会动作要领。他一次次扔出手榴弹，成绩却还是没能及格。

雷锋个头不高，与北方大汉相比，力气上还是稍显逊色。练习投手榴弹的成绩不理想，不免令雷锋有些沮丧。薛班长站在一旁劝慰道："雷锋，不要灰心。做任何事情都有一个循序渐进的过程，慢慢来，总会练出好成绩的。"雷锋点点头，心里还是憋着一股劲儿，想着：我的身体条件有限，就更要加倍努力，使成绩得到提高。

接下来的几天，雷锋只要一有时间就跑到操场上练习投弹。甚至在吃饭的时候，雷锋心里也在想着如何注意动作要领，如何把手榴弹扔得更远。

经过多次练习，雷锋的成绩反而退步了。为什么会这样呢？由于练习得过于频繁，雷锋的手臂肿了。大家都为雷锋担心，他自己也急得寝食难安。薛班长让雷锋先休息几天，等手臂好了再继续练。

在停止练习的日子里，雷锋并没有真正把投手榴弹的事情抛在脑后。他又向班长请教了动作要领，针对自身条件，寻找练习的侧重点。

雷锋入伍后，常常对自己说："雷锋，愿你做暴风雨中的松柏，不做温室里的弱苗。"

手臂刚刚恢复，他就再次抓起手榴弹练习起来。这次练习，雷锋把重点放在了投手榴弹的技巧上。为了加快练习的频率，手榴弹投出去刚落地，雷锋就飞快地跑过去捡回来。就这样，不知跑了多少个来回，雷锋终于比之前投得准了许多。

针对臂力不足的问题，雷锋开始练习双杠。他边锻炼边想：我不能因为自己而影响了全班的成绩。更何况，作为一个合格的战士，每一项训练都应该取得好的成绩。"一下，两下……"雷锋边数边为自己加油鼓劲。

一连十多天，雷锋始终坚持练习，力量也逐渐增长，再加上准确度的提高，使他重新充满了自信。科目考核的那天，雷锋取得了优异的成绩。班里的战友都为他鼓掌叫好，雷锋却腼腆地笑了。

雷锋用自己的努力换来了好成绩，他笑了。在困难面前，雷锋没有退缩。他凭借锐意进取、自强不息的精神，闯过一道道难关，成功地战胜了自己。

你一定有过类似的经历，失败、挫折、被别人超越……当你遇到种种困难的时候，是逃避，还是面对？

要知道，"无限风光在险峰"。只有付出了努力，才能取得好的成绩。遇到困难的时候，我们要勇敢地面对，要像雷锋一样，用锐意进取、自强不息的精神去跨越一个个障碍，去攀登人生中的一座座高峰，去瞭望无限美好的风光。

艰苦奋斗

不怕脏，不怕累

1961年的春节，战士们都在部队里欢度佳节。大年初四一早，连队的值班员对大家说："今天上午组织去和平俱乐部看电影，想参加的同志赶快报名啊！"话音刚落，大家立刻活跃起来，有的说："太好了！我要报名！"有的说："我早就想看电影了，这下可不能错过呀！"

有人拍拍雷锋的肩膀，说道："你要不要报名呀？听说是很精彩的电影呢！"雷锋笑了笑，没有回答。此时雷锋心里正琢磨着另外一件事情：今天是大年初四，假期马上就要结束了，我应该把休息时间充分地利用起来，为支持农业生产做点事情。

雷锋没有选择去看电影，而是到工地附近去捡粪。现在提到"粪"这个字，大家都马上回避，更别说愿意去做与它相关的工作。但是，在没有化肥作为肥料的年代，粪便就是庄稼最好的天然养料。

雷锋推着车，带着铁锹和竹筐，围着工地转了起来，见到粪便就铲到推车里。

这时候，刚好有一位老大爷路过。他见到弯腰捡粪的雷锋，张口问道："解放军同志，新春佳节你们没放假吗？"

雷锋转过身，回应道："放假了，我想利用休息时间多捡些'肥料'，就算是支援农民兄弟吧，希望庄稼今年有个好收成。"

老大爷点了点头，说："是啊，是啊，庄稼丰收了，人们才有粮食吃。粮食储备丰富，人们生活才能过得更好啊！解放军同志，你这么年轻就懂得为人民、为国家着想，真是难得呀！"

"作为祖国的儿女，能为祖国做贡献，我认为是最幸福的事情。"雷锋自豪地说。

老大爷看着雷锋年轻的脸庞，说道："和你年龄相仿的人，他们都嫌臭、嫌脏，有几个愿意来捡粪？我看呀，大家都应该向你学习！"

听了老人的话，雷锋反而有些不好意思了。他笑了笑，没有说话，继续低头忙着手中的活儿。直到把工地周边的"肥料"全部捡没了，雷锋才推着车子给农民送过去。

新中国成立后，雷锋的生活一天天好起来，但是，无论物质条件怎样变化，他始终保持着艰苦奋斗的作风。

说到艰苦，现在的年轻人也许从未感受过。他们出生以后，就像温室里的花朵，有阳光照耀，有雨露滋润。但是，没有谁可以一辈子呵护你。人生的路有高峰也有低谷，我们要清楚地认识到，只有内在的精神信念才能支撑着你渡过难关。记住，路在我们自己脚下，带着艰苦奋斗的精神前行，就没有过不去的坎、爬不了的坡。

事事精打细算

雷锋曾说过这样一段话：

> 我们是国家的主人，应该处处为国家着想，事事要精打细算，不能今朝有酒今朝醉，明日愁来明日忧。

这不是说给别人听的"漂亮话"，而是雷锋做人的原则之一。"精打细算"是雷锋的攒钱"法宝"。他每月领到的津贴费，除了缴团费以及购买肥皂和书籍，其余的钱一律存进储蓄所。他的袜子上全是补丁，几乎看不到袜子本来的样子了，但他还是不舍得买双新的；他有一个搪瓷脸盆和一个漱口杯，是刚入伍时部队发的，自从开始使用就再没换过。与其他战友的相比，雷锋的这两样东西绝对算得上"古董"，脸盆上面的瓷已经掉了许多，看起来有些"面目全非"。

【雷锋名言】

节俭是你一生中食之不完的美筵。

并不是所有人都能理解雷锋的这种做法,有些人认为这是"小气""抠门儿"的表现。

酷暑里的一天,雷锋参加完体育运动,又累又热又渴,他看到许多战友都去小卖铺里买汽水喝,也掏出钱想买一瓶。还没等买,就见有人送来了开水,于是就把钱收了回去。

雷锋的这一举动被他的一个战友看到了,那个战友看不惯雷锋的"精打细算",语气不善地说:"我说雷锋,你怎么连买瓶汽水都不舍得啊?"

"喝开水也是一样的。"雷锋回答他。

"真不明白,你一个人攒那么多钱干吗?"

"怎么能说是我一个人?"雷锋反驳说,"我是祖国'家庭'里的一员!国家现在正处于困难时期,身为'家庭'中的成员,就应该响应'家庭'的号召,艰苦奋斗。"

"国家困难再大,也不缺你那点儿钱!"那位战友还是怒气冲冲地反驳。

"积少成多啊!如果每人一天节约一角钱,那么全国人民一天可以节约多少钱?"雷锋继续说,"咱们是祖国大家庭里的一员,也是国家的主人,怎么可以不算这笔账?"

就如雷锋说的,他不是在为自己"精打细算",是在为国家、为他人而算这笔账。

一年夏天,雷锋所在的部队按规定发给每人两套新衣服和两双新鞋。轮到雷锋领时,他说:"请给我一套衣服和一双鞋就够了。"

负责分发物品的司务长对雷锋的话感到不解,问道:"你为什么只要一套衣服、一双鞋?"

雷锋真诚地笑笑,说:"一套衣服和一双鞋足够我穿的了。"

许多人不明白雷锋的做法。这衣服和鞋又不用自己花钱,他在这方面"精打细算"是为什么?雷锋的一篇日记为大家解答了疑惑:

为了和人民群众同甘共苦，减轻人民的负担，共同克服目前的困难，我只领了一套单军服、一双新胶鞋，其他用品也少领了。以前用过的东西，我都修补好了，继续使用。穿破了的衣服补好了再穿。我觉得就是现在穿一套打补丁的旧衣服，也比我过去披的破烂衣服要好千万倍啊！

　　经过这件事，那些看不惯雷锋平时勤俭节约做法的战友渐渐有了改观。尤其是看到在祖国遇到灾难和困难时，雷锋将自己辛苦攒的钱一分不留地捐了出去，人们终于彻底理解了雷锋。他的做法令人感动，大家都对他钦佩不已。

　　也许有一些人看不惯雷锋勤俭节约的做法，尤其是那些从小不愁吃不愁穿的人。他们认为雷锋"小气""吝啬"，却不曾想到，这种对自己"吝啬"、对他人"大方"的做法，正是对中华民族艰苦奋斗的优良作风的传承。

雷锋的"节约箱"

关于雷锋勤俭节约、艰苦朴素的事迹,多得数不清。雷锋的勤俭作风,一直为大家所敬佩,但是他并不认为"勤俭"是自己的荣耀,而是每个人都应该拥有的作风。

雷锋常以身作则,为大家做出榜样,对待祖国的"小花朵们"更是如此。

建设街小学五年级三班的教室里有一扇窗户的玻璃坏了。之前,同学们在窗框上钉了块儿木板,暂时代替玻璃。最近,同学们找来了一块玻璃,准备换上。同学们先把木板拆下来,木板上的钉子被拔下来后,就顺手丢到了地上。这一幕正好被刚刚赶到,准备帮大家一起换玻璃的雷锋看到。雷锋看了看同学们,又看了看地上的钉子。

同学们对自己刚才的行为没有在意,看到雷锋叔叔来了,都很高兴,兴奋地跟雷锋说:"雷锋叔叔你看,我们要换新玻璃啦!"

雷锋走到他们身边弯下腰,捡起刚才被随手扔到地上的几根钉子,开口说道:"换玻璃是好事啊,但是,这几根钉子还能用,干吗要扔掉?"

其中有个同学瞅了一眼钉子,随意地说:"这又弯又破的钉子能有什么用?"

"用处大得很。"雷锋说着就拿起放在一边的锤子,"当当当"地锤打起来,被扔掉的弯钉子很快就被他给锤直了。

雷锋拿着变直的钉子看着同学们,说:"你们看,现在是又直又好的钉子了吧。"

同学们恍然大悟,都抬头望着雷锋叔叔。雷锋又对大家说:"我给大家讲讲我以前的故事吧,是关于一颗螺丝钉的故事。"

"螺丝钉?"同学们一听雷锋要讲故事,个个都聚精会神地听起来。

"这个故事发生在我还在望城县县委工作的时候。有一次,县委书记带我下乡,走着走着,我看到路上有颗螺丝钉。我当时也想,这颗螺丝钉肯定是废品,就抬脚把它踢一边去了。我踢这一脚,正好被县委书记看到。他就像今天的我一样,捡起那颗螺丝钉,并告诉我这并不是废品,还是颗很好的螺丝钉,它还能用在许多地方……"

雷锋看了看同学们明亮而真诚的眼睛,笑着告诉他们:"像这样的钉子,在我的'节约箱'里还有很多。"

孩子们一听这话,都嚷嚷着要去看看这个"节约箱"。到了部队,雷锋打开他的"节约箱",大家一下子就惊呆了。箱子里面是各种各样平时他们认为是"废品"的东西:钉子、螺丝、破衣服、用完的牙膏皮……

雷锋告诉同学们:这些东西乍看起来都是废品、是垃圾,但只要用对地方,都可以继续发挥作用。

雷锋的"节约箱",其实更像个百宝箱。

雷锋设置"节约箱"的事,被大家传播开来。建设街小学很多班级都开始学习雷锋的做法,也设立了一个"节约箱",大家把能再利用的东西统统放到箱子里,再也不随便丢弃了。

雷锋用他的勤俭、朴素,感染着身边的人,激发了大家厉行节约的积极性。

第一章 雷锋精神,永放光芒

中国核事业的领航人:朱光亚

发扬光大雷锋精神,就要像雷锋那样发扬爱国主义精神,树立集体主义思想,坚定社会主义信念。中华民族自古以来就是富有爱国主义光荣传统的伟大民族,种传统美德在雷锋身上得到了充分的体现和全新的升华。他自觉把个人的前途命运与国家、民族,与社会主义的前途命运紧紧联系在一起,处处以国家、民族和集体利益为重,体现出主人翁的博大胸怀。爱国主义是历史的范畴,具有时代的特点。在新的历史时期,爱国主义是和建设有中国特色社会主义的伟大事业紧密相连的,发扬爱国主义精神就是要像雷锋那样树

立正确的理想、信念、人生观和价值观，增强民族自尊、自信和自强，积极投身到建设有中国特色社会主义的实践中去，在各自的岗位上为改革开放和现代化建设做出积极贡献。提倡雷锋精神，并不否定个人利益，而是要求正确处理国家、集体和个人利益之间的关系，把个人利益的实现建立在维护国家、集体利益的基础之上。

爱党、爱国，是每一位中国公民都应当坚定的信念。党，是引领我们创造美好生活的领导者；祖国，是滋养我们成长的沃土。任何时候，都应当把热爱党、热爱祖国的信念放在首位。如今，我们已不必再像革命志士那样，为祖国抛头颅、洒热血。那么，祖国建设时期如何体现一个人爱党、爱国的信念呢？当你遇到个人利益与国家利益相冲突的情况时，你将如何做出选择呢？你会心甘情愿地为实现国家利益而做出让步吗？

面对这些问题，也许你会犹豫，然而，有的人却义无反顾地选择了以国家利益为重，而且，是在关乎他前途命运的重要关头。这个人就是我国核事业的领航人——朱光亚。

朱光亚，是中国核科学事业的主要开拓者之一，曾获得过代表极高荣誉的"两弹一星"功勋奖章，为我国的核科学事业做出了卓越的贡献。

早在中学时代，朱光亚就对学习物理知识表现出浓厚的兴趣。兴趣指引着朱光亚的求学道路，大学时，他主修了物理学专业。经过大学阶段的扎实学习，朱光亚已具备了非常坚实的物理知识基础，并对学科的前沿发展有了进一步了解。朱光亚的学生时代是在新中国成立前的硝烟中度过的，战争中威力无比的原子弹，让所有中国人感受到高端武器带来的巨大威慑力，我国的科学工作者们是多么希望我们也拥有那样的武器啊！可是，依照我国当时的情况，制造原子弹就是一个梦。1946年，怀揣"原子弹之梦"的朱光亚，来到美国密执安大学研究生院物理系深造。四年后，他获得了原子核物理专业博士学位。

学成后，朱光亚放弃了国外很多优厚的待遇，他要尽快回到祖国，与国内的科学工作者们一起，开始我国核事业的"圆梦之旅"。

在归国途中，朱光亚与几十名留学生联名发出了《致全美中国留学生的一封公开信》，呼吁广大留美学生毕业后回到祖国发展事业，将自己的前途命运和国家的建设紧密联系在一起。信里写道：

> 同学们：是我们回国参加祖国建设工作的时候了。祖国的建设急迫地需要我们！人民政府已经一而再再而三地大声召唤我们，北京电台也发出了号召同学们回国的呼声。人民政府在欢迎和招待回国的留学生。同学们，祖国的父老们对我们寄托了无限的希望，我们还有什么犹豫呢？还有什么可以迟疑的呢？我们还在这里彷徨什么？同学们，我们都是中国长大的，我们受了20多年的教育，自己不曾种过一粒米，不曾挖过一块煤。我们都是靠千千万万终日劳动的中国工农大众的血汗供养长大的。现在他们渴望我们，我们还不该赶快回去，把自己的一技之长，献给祖国的人民吗？是的，我们该赶快回去了。
>
> ……
>
> 同学们，祖国在召唤我们了，我们还犹豫什么？彷徨

什么？我们该马上回去了。

……

同学们，听吧！祖国在向我们召唤，四万万五千万的父老兄弟在向我们召唤，五千年的光辉在向我们召唤，我们的人民政府在向我们召唤！回去吧！让我们回去把我们的血汗洒在祖国的土地上，灌溉出灿烂的花朵。我们中国是要出头的，我们的民族再也不是一个被人侮辱的民族了！我们已经站起来了，回去吧，赶快回去吧！祖国在迫切地等待着我们！

回国后的朱光亚，怀着一颗爱党、爱国的赤子之心，凭借着对我们社会主义国家的极度热爱，数十年坚守在核事业的研究岗位上。1963年，朱光亚参与确定了中国第一颗原子弹理论设计方案；1965年，参与了导弹核武器飞行核爆炸试验（两弹结合试验）；仅用两年零八个月时间，组织研制出我国第一颗氢弹。他为国家培养了多位杰出的核事业人才。

朱光亚把自己的前途命运与党和人民的需要紧密联系在一起，在人生的重大关口以国家、民族的利益为先，以祖国的事业为重。朱光亚把自己的奋斗方向与国家富强、民族振兴的事业融为一体，全身心地投入到核事业当中，创造出了辉煌的成绩，成为祖国和人民的骄傲。

作为一名共产党员，朱光亚始终保持着共产党员的政治本色，时刻践行着爱党、爱国的誓言，最大意义地实现了自己的人生价值。

当代雷锋：郭明义

感受阳光，感受温暖，感受自然，感受生命。

我一次次地问自己：生命究竟对我意味着什么？是我面对失败后的哭泣，还是成功后流下喜悦的泪水，还是不经意的瞬间流逝？

有人，终生辛劳，没有鲜花、掌声。在人们不知晓的某一时刻，轻轻地、静静地离开了他所爱恋的土地，这是平凡的人生。

也有人劳其一生，洒下了饱蘸辛劳的汗水，用百倍、千倍、万倍的努力，用生命中最鲜红的血液，用心，品尝生命的果实，书写着辉煌的一生，在人们前进的道路上树起了一座座丰碑，热爱生命吧！

热爱人生吧！

感受阳光的同时，也使我从一件件小事上，悟出了生命的珍贵、自然的美丽，以及生命中感受到的阳光般的温暖。

春节期间，市政府设立的贫困救助热线，使生活中不为人知的较为贫困的家庭，享受到了阳光般的丝丝点点的暖意。而全市千万元的捐款，似雨露，似甘泉，似春风，使人们在生命的旅途中感受到了阳光灿烂的日子，体会到了生命的魅力和温馨的感觉。

捐款者与接受捐款者，都接受了人生的庄严的洗礼，享受着美妙的神圣的乐曲所带来的愉悦。

这亲情，友情，乡情，同胞情，爱情，不正是构成了生命中的交响乐吗？使人们长久吟唱，永不感到疲惫和厌倦。

感受阳光，感受温暖，感受自然，这些都是生命中不可缺少的。生命对我们每个个体来讲，只有一次，可这一次次的呼唤，一次次的渴望，失败，挫折，抱怨，沮丧，在鲜活的生命面前，都显得是那样的苍白无力。

阴雨缠绵的日子，狂风暴雨的季节，风沙弥漫的夜晚，终将被阳光所温暖，被自然所融化，呈现出生命中最亮丽的底色。

这样一篇满含深情的文章，带着深刻的人生感悟，令人无限感动。它让我们感受到温暖与力量，它的作者就是助人为乐的道德模

范郭明义。在新时期学习、实践雷锋精神的过程中，他是走在前列的优秀代表。

2010年10月，在郭明义先进事迹首场报告会上，中共中央政治局常委李长春代表胡锦涛总书记会见了郭明义同志。李长春在报告会上强调说："要认真贯彻落实胡锦涛总书记重要指示，深入开展向郭明义同志学习活动，学习他始终保持共产党人的政治本色，坚持全心全意为人民服务的坚定理想信念；学习他在新时期传承和弘扬雷锋精神、艰苦奋斗、无私奉献的高尚道德情操；学习他热忱为他人排忧解难，用真情化解矛盾、促进社会和谐的崇高精神境界，努力在全社会形成向郭明义同志学习，传承雷锋精神、共建和谐社会的浓厚氛围。"

2007年初的一天，郭明义来到鞍山市中心血站献血。这时，他听到一个消息：由于正处于寒冬季节，献血的人数不多，导致很多医院都出现了缺少血液的情况。对此，郭明义很着急。他想，如果因为缺少血液供应，而导致患者在治疗过程中出现危险，或者医生无法展开救助，对病人来说将造成多大的痛苦呀！病人的家属肯定更加着急，眼看自己的亲人生命垂危，却爱莫能助。

郭明义把他人的疾苦和难处时刻放在心上，他意识到缺少血液储备对医院、对患者及其家属都是非常不利的情况。郭明义迅速着手解决血库缺血的问题。他马不停蹄地找到血站领导，主动提出要和血站一起，组织一次大型的无偿献血活动，对血库进行补给。个人的力量是渺小的，然而将众多微小的力量汇聚在一起，便能汇聚成巨大的力量。

郭明义首先发动身边的同事们去献血，他写了一封无偿献血倡议书，向同事们大声宣读。声情并茂的演讲、情真意切的话语、诚恳真挚的情感，很快打动了和郭明义在一起工作的人们。善良而富有爱心的人们，在郭明义的倡导下自愿加入到了这次献血活动当中。

郭明义在很短的时间里，就集结了齐大山铁矿和矿业设备检修协力中心等单位的100多名干部职工。

大家来到鞍山市中心血站，纷纷伸出自己的手臂，将滚烫的鲜血毫不吝啬地捐献出来。血站的工作人员看到不断涌过来的人群，一时间竟有些"措手不及"。实际的献血人数比预期的多出一倍，血站一共出动了3辆采血车，共采集到2万多毫升血液。血站的工作人员既欣喜又感动，他们没有想到，一个自发性的无偿献血活动，竟能得到如此热烈的响应，他们代表全市各医院以及患者和医护人员向郭明义表示感谢。

郭明义和雷锋一样——对自己极度吝啬，对别人却无私奉献。在当今通信工具急速普及的年代，买一部手机仅仅需要几百元钱，而郭明义却没有手机，他不舍得花钱给自己添置这个物件。与此形成鲜明对比的是，多年来，郭明义为贫困学生的捐款累计竟达十余万元。郭明义觉得，用金钱来换取个人物质上的享受，是一件非常不值得的事情。而如果用自己赚来的钱资助没钱上学的孩子完成学业，将是一件非常有意义的事。因此，郭明义平时总是省吃俭用，很少为自己添置物品，他将自己并不丰厚的收入积攒下来，帮助180多名贫困的孩子实现了继续学业的愿望。

1994年，一次偶然的机会，郭明义在电视上看到了"希望工程"的公益广告。电视屏幕上偏远山区儿童那渴求知识的眼睛，深深触动了郭明义。我们国家现在的经济发展还很不均衡，虽然很多城市的孩子已经具备了优越的学习环境，但是，在一些经济尚不发达的地区，教育质量仍然令人担忧。简陋的教室和校园、破旧残缺的学习用具、匮乏的师资力量，很多孩子就是这样度过了他们的学龄生涯。更有许多幼小的孩子们上不起学，他们只能辍学在家，漫无目的地度日。想一想，如果小孩子在应当学习知识的年龄得不到应有的教育，他们的未来将会是什么样子？

想到这些，郭明义难以抑制心中的酸涩和伤感，他想，一定要帮帮孩子们！从此，郭明义开始捐资助教。他来到鞍山市"希望工程"办公室，捐出200元钱，作为第一笔资助金。当时，受捐助的对象是一名生活在岫岩满族自治县的男孩儿。收到资助金的孩子非常感激远方奉献爱心的叔叔，他给郭明义寄了一封感谢信，用稚嫩的话语介绍了自己的生活情况，并抒发了感谢之情。从孩子的信里，郭明义对偏远地区的情况有了更深入的了解，他觉得自己之前的援助还很不够，便又寄去了200元钱。那时候，郭明义一个月的工资才500多元钱，家里又有老人和孩子，他竟能如此付出，让我们感受到一个平凡人物巨大的人格魅力。他乐于助人、无私奉献的宝贵品格，令人敬佩！

在后来的日子里，郭明义资助贫困学生的善举一直延续着，他的心同孩子们的心紧紧连在一起。郭明义设身处地为孩子们着想，关心他们的学习和生活。想到家庭条件不好的孩子一定物质匮乏，郭明义为他们送去了书本和学习用具；得知学生需要自行车和衣物，他又不辞辛劳地亲自送过去。

一个人能够坚持不懈地做好一件事情，已经很不容易，何况是多年来一直坚持做好事。郭明义的爱心助学行动，一直持续了十多年，不管家庭经济多么紧张，他总要预留出300元钱，专门用于捐助。他捐的每一分钱都是实实在在的血汗钱。郭明义没有用有限的收入改善自己的生活条件，反而拿出来帮助别人，他高尚的精神境界令人钦佩。

郭明义以帮助他人为自己最大的快乐，对待身边的人如春天般温暖，总是愿意用自己的辛苦换取他人的幸福。当郭明义发现谁遇到了困难，他总是会第一时间伸出援手，倾尽所有力量去帮忙。雪中送炭的事情他做了许多。郭明义用真情和行动履行着一个公民的神圣职责，他以助人为乐的宝贵品格，为人们树立了一个良好人际关系的典范。他热心助人的事迹，随着越来越多人的传诵和学习，将推动良好社会道德风气的形成。

2012年3月2日，中央精神文明建设指导委员会授予郭明义同志"当代雷锋"的荣誉称号。

爱心妈妈：马佳年

怀胎十月，等待一个新生儿的降生，这是一个多么令人激动的过程！在这个过程中，每一位母亲都在用自己最真、最深的爱，孕育着新的生命。她们总是用手轻轻地抚摸着日益隆起的腹部，总是与肚子里的"她"或"他"喃喃细语。为了等待宝宝呱呱坠地的那一天，妈妈们付出了汗水，她们多么盼望能够快些见到那个尚未谋面的"小家伙"呀。

然而，对于母亲来说，提前见到自己的宝宝，并非是一件好事。因为绝大多数早产儿在母体里并没有发育完全，在他们出生以后，体重往往会比正常的婴儿轻很多，甚至还会存在不同程度的残疾或患有先天性疾病。这种情况的出现，对于早产儿来说，是一种严峻的考验；对于母亲来说，则是一种打击。

马佳年，一位早产儿的母亲。2005年的圣诞节刚过，怀孕28周的马佳年突然感到肚子剧烈地疼痛。随后，她被家人紧急送到了医院。经过医生的诊断，得知马佳年将要早产。

第二天，马佳年被推进了产房，并生下一名女婴，取名"小豆丁"。我们知道，婴儿出生以后，都会立刻啼哭。但是"小豆丁"降生的时候，足足有5分钟都没发出任何声音，而且，她的体重只有二斤七两。因此，"小豆丁"需要留院观察。

几天后，马佳年顺利地出院了，但是她心里始终放不下自己的"小豆丁"。从生产到出院，短短的几天里，马佳年都没能好好地看看孩子，心里非常难过。

在"小豆丁"住院的40多天里，马佳年每个星期都会到医院看女儿。"小豆丁"安静地躺在暖箱里，就像一株正在发育的幼苗，非常柔弱。她的抵抗力极弱，一点点细菌都会使她的身体受到威胁。马佳年只好站在暖箱旁边，眼巴巴地望着"小豆丁"。被蒙着双眼的"小豆丁"看起来有些可怜，她不像别的婴儿那样"又白又胖"，而是"又黑又瘦"。由于身体上还没有长出脂肪，"小豆丁"的皮肤呈半透明状。看到女儿的样子，马佳年红了眼眶，她把早产给孩子带来痛苦的原因归结到自己身上，心中充满了愧疚。

那一刻，马佳年开始了思考。她逐渐意识到，除了自己以外，全中国还有很多与她情况类似的母亲，有很多像"小豆丁"一样的早产儿。通过查询，马佳年得知，每年全国有将近200万新生早产儿。这样的情况，有很多出现在贫困山区。由于山区医疗条件差，没能为孩子们提供必要的医疗设备，导致很多本可以得到及时救治的早产儿落下终身残疾。

"小豆丁"的身体状况就很不乐观。她出生后一周，就被查出脑部病变，并且带有脑出血，这极易导致脑部瘫痪。很长时间里，"小豆丁"的眼睛都不会像别的孩子一样东瞅瞅、西看看，而是直勾勾地盯着某一处动也不动。

当时，人们对早产儿的关注并不多，有很多母亲并不知道该如何哺育早产的孩子，没有一家专门服务于早产儿家庭的机构。能利用的资源非常有限，马佳年只好自己慢慢摸索。

每天，马佳年都会严格按照医院设定的计划喂养"小豆丁"。她认真地做好每个细节的记录，比如：一天需要多少奶粉，要冲调出多少毫升牛奶；"小豆丁"的眼神是否能够追随移动的物体了……除此之外，她还会坚持为"小豆丁"做全身按摩，帮助女儿更好地恢复身体机能。

对于马佳年来说，日子仿佛过得比从前慢了很多。"小豆丁"的身体情况总是要等待许久才能见到一点点好转。直到"小豆丁"4个月的时候，才被医院确定为视力健康；8个月时，心脏发育正常；满1岁的时候，她的神经系统也终于发育完全了……

在马佳年无微不至的照顾下，"小豆丁"渐渐长大了。她已经和正常的孩子完全一样，可以开朗地笑、大声地哭，也可以和伙伴们相互嬉戏玩耍。在这个过程中，马佳年也获得了很多经验，俨然成了哺育和抚养早产儿的"专家"。

"小豆丁"的身体好转了、健康了，马佳年被喜悦包围着。没有人知道，这一路走来，她流过多少泪，熬过多少夜。当时，由于"小豆丁"的过早出生，疾病缠身的她并没有给家庭带来欢乐，反而增加了许多压力。

为了专心照顾女儿，马佳年辞去了稳定的工作。她的这种做法没有得到丈夫的支持和理解。从此以后，马佳年独自照顾着身体娇弱的"小豆丁"。有一次，马佳年无意中在网络上看到一项"写博客赢奶粉"的活动。于是，她开通了博客，把自己和"小豆丁"相依相伴、共同走过的岁月写成了文章，并取了一个温馨的题目——"你幸福，我快乐"。很多网友被母女俩真实的故事所吸引，被马佳年真挚的情感所打动。半年多的时间里，这篇文章的访问量超过了万次。

这篇感人至深的文章在网络上传开以后，马佳年得到了更多人的关注和支持。她和当年在同一家医院，同是早产儿母亲的人们取得了联系，并共同建立了一个名为"早产妈妈联盟"的网络群体，以便用她们的经验帮助更多遇到困难的妈妈。当年,为"小豆丁"设计的喂养记录派上了用场,马佳年编写了《早产儿出院喂养表》,供早产妈妈们参考。

马佳年深知,早产儿的身体状况本来就落后于发育健全的孩子,如果不赶快弥补,将会耽误幼儿的成长,很有可能留下一辈子的遗憾。

2007年6月18日,"早产妈妈联盟"的成员举办了一场名为"天通宝贝嘉年华"的公益活动。通过这次活动,"早产妈妈联盟"共筹集善款一万元,并用这些钱开通了一条早产儿热线。热线开通以后,将近1 000名相关专业人员踊跃地加入到为早产儿服务的队伍中,免费为早产儿家庭提供专业喂养知识,解决困惑,指点迷津。

马佳年没有想到,"小豆丁"的意外早产,竟然令自己的人生发生了改变。以前,她是一名普通的会计,通过自己的亲身经历,她走上了一条帮助早产儿的道路,并且准备义无反顾地走下去。

"早产妈妈联盟"成立以来,马佳年始终坚持着对早产儿问题的研究。她注意到:早期筛查和治疗,可以大幅降低早产儿患上终身残疾的概率。即使是脑瘫儿童,如果在半岁以前就开始进行治疗,80%的孩子可以显著提高自理能力。

从2007年至今,"早产妈妈联盟"不断地发展壮大,并且在中国乃至世界都产生了巨大的影响。2010年,全国相继成立了很多早产儿服务机构和基金会,例如:中国关心下一代工作委员会教育发展中心早产儿互助工程、民政部中国社会福利基金会早产儿救助基金,等等。"早产妈妈联盟"也成为全世界范围内最大的华语早产儿组织。也就是说,全世界的华人都可以通过"早产妈妈联盟"这个广阔的平台,寻求到帮助。现在,有很多家医院也加入到帮助和关注早产儿的行动中来,相继开通了救助早产儿的绿色通道。

"如果我们开办的早教活动只能为出得起学费的人开放,那怎么对得住当年无私帮助过我们的众多志愿者呢？只有贫困人家才需要我们去普及知识，因为他们获得信息的渠道相比普通家庭要少得多。"——这是马佳年发自肺腑的话。

马佳年有一个心愿："给生于贫困家庭的早产儿一个平等的未来。"

马佳年带领着"早产妈妈联盟"，在公益之路上不断前行。如今，"小豆丁"即将跨入小学的校门。她不但模样和妈妈长得很像，连性格也和妈妈一样，乐观向上。在"小豆丁"的脸上，不再有刚出生的痛苦表情，在她的心中，也没有任何阴影，"小豆丁"总是灿烂地笑着。看着孩子无忧无虑的样子，马佳年微笑着说："每个孩子的未来应该由他们自己决定，我们当家长的，永远不能提前替孩子说'不'。"

现在，像马佳年一样关心社会、热衷于公益事业的人越来越多，他们志愿为他人服务。就像2008年北京奥运会时，我国社会各界的人们都积极地加入到志愿者的队伍当中，为这样一场世界性的盛会贡献自己的力量。期间，他们都发扬着雷锋乐于助人、甘于奉献的精神，为来自世界各国的人们提供服务。在志愿者的队伍中，有些是在校的大学生，他们都在争做"雷锋传人"，擎着"雷锋精神"的火炬，不断地向前奔跑。

无臂钢琴师：刘伟

每个人都向往成功，然而成功不是轻易就可以得来的。

相信你一定听说过这句话："你努力但不一定可以成功，可是你要是不努力就一定不会成功！"是啊，成功是争取来的，如果你永远不去"争"，就不会有任何所得，成功抑或失败，总要努力做了才知道。

如果，我告诉你一个没有双臂的残疾人，曾代表中国到奥地利参加《庆祝中奥建交 40 周年维也纳金色大厅音乐盛典暨 2011 年中国年开幕式》,并在世界闻名的音乐殿堂——维也纳金色大厅,用钢琴演奏了一曲《梁祝》,你会相信吗?

这是一个令人"难以置信"的真实故事。故事的主人公名叫刘伟,他出生于 1987 年,聪明、喜欢踢足球,小学时候的人生理想是当一名职业球员。但是,刘伟的生活没有按他预计的轨道行进。10 岁那年的一天,小刘伟突遭意外——在户外玩耍的他,不小心接触到高压线。经过抢救,刘伟脱离了生命危险,但却永远地失去了他的双臂。

幼小的刘伟无法面对这样的事实,而幸运的是,在他做康复治疗期间,一个同病相怜的人给了他很大鼓舞。这个人就是北京市残疾人联合会副主席刘京生,他同样没有双臂,却依然可以自己料理生活,甚至写字。而且,刘京生依然能够工作,并且事业有成。这给残疾后的小刘伟带来了莫大的鼓励,他没有自暴自弃,而是学着刘京生的样子,开始练习用脚刷牙、吃饭、写字……他说:"如果你一出生就有两个脑袋,别人都会觉得很奇怪,怎么有两个脑袋呢?你会感到无所适从。但当你遇到一个同样有两个脑袋的人,而且你发现他过得很好,那你肯定会想,他过得好,我也可以。"

面对人生的不幸遭遇,面对空前的巨大困难,面对将来的未知生活,年幼的刘伟自强不息,努力向优秀的人学习,不断追求进步。他一直想着:别人能做到的,我也能!

康复治疗进行了两年，刘伟重新回到了学校，凭借坚强的意志力，他很快赶上了同学们的学习进度，并比从前更加珍惜学习的时间。没有了双臂的刘伟依然热爱运动，12岁那年，刘伟进入了北京市残疾人游泳队，开始练习游泳。14岁的时候，他在全国残疾人游泳锦标赛上获得了两金一银的好成绩。

19岁时，刘伟走到了人生的重要转折点——选择未来的职业方向。游泳不能继续了，因为高强度的体育项目会导致免疫力降低，这对本身残疾的刘伟而言非常不利。最终，刘伟选择了他的另一个爱好——音乐。后来，就是在音乐道路上，刘伟屡屡获得成功。

刘伟的音乐理想是如何实现的呢？首先，刘伟要学会用脚弹钢琴。他付出了比常人更多的努力，而且异常刻苦。刘伟回忆自己的练琴生涯："我是三点一线的生活：练琴、学音乐、回家。我家在五道口，练琴的地方在沙河，学音乐的地方在四中，那时面临的是精神和体力的双重考验。"

学习钢琴一年后，刘伟登上了北京电视台，在《唱响奥运》节目中为大家弹奏了一首优美的钢琴曲。2010年，刘伟报名参加了东方卫视的《中国达人秀》，夺得第一季《中国达人秀》总冠军的头衔。评委高晓松问他这一切是怎么做到的，刘伟回答说："我觉得我的人生中只有两条路，要么赶紧死，要么精彩地活着。"国外的一些媒体也来关注这个"特别"的中国小伙子。美联社的评论是：

这位失去双臂的音乐家用自己的脚趾征服了《中国达人秀》节目的评委，他自弹自唱的歌曲"You're Beautiful"让现场观众流下了感动的泪水。刘伟的决心值得称赞……

英国《每日邮报》的评论是：

> 这个坚忍不拔的小伙让人肃然起敬，也让人们想起了同为草根艺术家的苏珊。来自苏格兰的乡村大妈苏珊虽然其貌不扬，但是凭借其完美的歌喉一夜间红遍全国。如果说苏珊大妈是外表平凡却满怀梦想、才华洋溢的代表，刘伟便是对梦想锲而不舍精神的最佳诠释。

刘伟以自己自强不息、锐意进取的精神，征服了不幸的命运。他锲而不舍地追求理想，用双脚弹奏出美妙的人生乐章，他是中国新一代的励志榜样！

也许你在某些方面有些不足，也许你总抱怨自己做某些事没有天赋，也许你有各种各样的理由为自己的失败开脱。看看刘伟怎么说：

"我从来没有把自己当什么特殊群体，我觉得我跟别人没有任何不一样，只是别人用手做的事情，我用脚来做。只是换了一种方式而已，没有什么不一样。"

"我深信，你们做得到的事情我也做得到；你们做不到的事情，我也一定可以做到。"

身体健全的你、牢骚满腹的你、迷失人生方向的你，看到刘伟的经历，你的心灵是否深受触动呢？他告诉我们，不要总把眼光放在自己失去的东西上，不要颓废和迷失，要大胆地向前走，勇敢地锻炼自己、塑造自己。任何时候，都要执着地追求进步，这样，你就会找到快乐，走出困顿。每个人的人生都可以很有意义，都可以很精彩！

如今，全国再次掀起"学习雷锋精神"的高潮，其中"大力弘扬雷锋锐意进取、自强不息的创新精神"一条，值得我们关注。当代青少年，应当从少年时期开始培养自己坚韧的意志力，树立目标和理想，在漫长人生中不断超越自己，走出一条属于自己的辉煌灿烂的人生之路。

每个人的一生都不可能是一帆风顺的，有时候会遇到很多困难和问题，就像一艘航行在大海中的船，会不可避免地遭遇风浪。这个时候，是最考验一个人的时候，是调转船头逃跑，还是战胜风浪继续前行，决定着你能否到达胜利的彼岸。

雷锋从一个旧社会的穷苦孤儿，成长为一名有理想、有知识的优秀战士，靠的就是他锐意进取、自强不息的精神。雷锋离开我们之后，他的这种精神作为中华传统美德的一部分并未消失，很多人还在以自己的实际行动追随着雷锋的足迹。就像刘伟，在坎坷面前，他不低头、不退缩，奋力朝目标走下去，最终收获了美好的生活。我们应当向雷锋和刘伟学习，把宝贵的精神财富延续下去，在自己的生活中不断实践，闯出属于自己的成功之路。

> 打开未来动力
> 去创造奇迹
> 我们越过放弃
> 我站在这里送给你
> 送你我最美丽的回忆

刘伟在《美丽的回忆》这首歌中创作的歌词，给广大青少年朋友们带来无限鼓舞。

雪域高原上的支教者：胡忠、谢晓君夫妇

有这样一对夫妻，他们坚守在雪域高原支教，他们就是胡忠、

谢晓君夫妇。

胡忠、谢晓君夫妇原本都在四川当老师。2000年，夫妇俩去西藏旅游，他们没想到，这次旅游将改变他们的一生。在甘孜塔公草原，夫妇俩欣赏了独特的高原风景。后来，在四面环山的草原上，胡忠和谢晓君夫妇来到了塔公乡"西康福利学校"。学校刚刚创办3年，招收来自甘孜州13个县的孤儿。学校的大多数教职工都是来自全国各地的志愿者。回忆起第一次见到孩子们的情景，胡忠历历在目："孩子们正围在一起跳锅庄，都穿着红色运动服，很灿烂。看到我们来，就把哈达往我们脖子上绕。这是第一次有人给我献哈达。"

后来，夫妇俩得知这所学校缺少老师，孩子们非常渴望学习文化知识。胡忠和谢晓君觉得这些孤儿太可怜了，本来就缺少父母的关爱，现在又没有人教他们知识。孩子们的未来将会是什么样的呢？他们的出路在哪里？他们的一生，就这样因为缺少教育而黯淡下去吗？

回到四川后，胡忠和谢晓君一直想着西藏的孩子们，想着他们渴求知识的眼睛。作为老师，他们觉得必须为孩子们做些事情。于是，他们递交了义务支教的申请，开始了雪域高原的任教之路。在胡忠离开成都时，他说："像我这种老师，成都

多得很。不可能因为我走了，哪个学生就读不成书了。但这里不一样，没有几个老师愿意到这里来，也没有几个老师愿意留下来。孩子们长大的命运，如果因为我的到来而改变，我将感到无比欣慰。作为一个老师，在哪里不是教书？在哪里不是育人？"

支教的生活非常艰苦，在西藏，生活环境远没有四川舒适，冬天异常寒冷。福利学校老师很少，胡忠和谢晓君都要同时教好几个学科的课程，每天要讲很多节课。毕业于四川音乐学院的谢晓君弹得一手好钢琴，而来到西藏却要教很多额外的科目，不仅要教音乐，还要教生物，并且还担任图书管理员、生活老师等职务。谢晓君没有觉得委屈了自己，反而干得有声有色。

有一次，谢晓君的胃病发作了，输了两天药液。躺在病床上的谢晓君得知，有一位教数学的老师刚刚离开了学校，没有人给孩子们上数学课。这个消息令谢晓君很心痛，老师一个一个地离开，孩子们的课程无法连续，六年级的数学老师，11个学期中竟换了10次。谢老师再也躺不住了，她顾不得自己的病痛，对前来看望她的孩子们说："走！帮我提着输液瓶！全班同学都进教室，没有数学老师，我来给大家上课。"就这样，谢晓君带着输液瓶，坚持站上了讲台。

"工作很繁杂，每天很晚才能休息。忙完一天的工作，坐在床上，端着一杯热茶觉得是最惬意的事情了。"谢晓君还记得，有一天晚上，她端着一杯热茶坐在床上，茶还没喝完就困得睡着了。醒来已经是第二天的早晨了，再一看，手里的茶水已洒了一床。

从都市教师到高原山村学校的教师，有很多转变。谢晓君说："刚进高原时，我还比较爱美。渐渐地，就被周围的环境所同化。我不惧高原的风沙，即便它铺天盖地地袭来，也只是用手掸一掸……"谢晓君回忆到西藏支教后的生活：生活条件和以前不能比，要克服的困难很多。当时洗澡成为一件很困难的事，通常要提水到板房宿舍里洗，基本上都是三个月才能洗上一次，一个月洗一次就算得上奢侈了。

如今，不到40岁的胡忠已有了白发，谢晓君也患上了严重的背部疾病。就是这样，夫妇俩仍然坚持着，他们觉得这样的生活很幸福。他们把自己的女儿也带到了福利小学，与其他学生一样，平等相待。

每个人对"幸福"的理解都不一样。胡忠和谢晓君说："爱心是幸福的源泉。我们相信，爱心会传递下去，力量会越来越强，甚至可以改变一个地区的命运。"

胡忠、谢晓君夫妇在这里任教十几年，得到了学生们的认可，100多名孤儿都亲切地叫胡忠"阿爸"。学校的设施越来越好，学生也越来越多。

2007年，谢晓君当选为成都石室联中评选的"感动联中十大人物"。她前去领奖时，以前的同事看到她辛劳的样子抱着她心疼得哭了。谢晓君却一直笑着，她说："他们大概是觉得我在那边很苦吧，但我觉得我过得并不苦。生活条件、工作环境这些远比不上成都，但我心里是快乐的。"

这对普通的夫妻，放弃了城市里优越的生活环境，无私地将爱心献给边远地区的孩子，令人敬佩！在胡忠和谢晓君身上，我们看到了雷锋的影子。他们的举动，改变了千百名孩子的命运，改变了藏区的教育环境。未来，他们决心将这份事业继续进行下去，把这份爱延续下去。

校门舞男：肖剑

儿童是祖国的花朵，是未来的希望。同时，他们也是最弱小、最需要关爱的人。稚嫩的脸庞、清澈的眼神，我们看到这样的孩子总会心生怜爱，而对于那些患病的儿童，我们更要给予更多关爱。

对于许多儿童来说，从小健康快乐地成长，是再平常不过的事情了。但是，那些患病的儿童，尤其是身患"罕见病"的孩子，他们失去了健康，无法无忧无虑地成长。

2008年，欧洲"罕见病"组织将2月29日定为"国际罕见病日"。因其每隔四年才会出现一次，以此意寓"罕见病"之罕见。

在中国，"四叶草"图案被当作"国际罕见病日"的标识。人们常把这种草称为"幸运草"，据说在十万株当中只有一株是由四片叶子组成的，以此作为标识，更能突出"罕见病"的罕见程度。同时，其翠绿的心形叶子也暗含着四种寓意：健康、真爱、幸福、希望。

"罕见病"是指盛行率低、少见的疾病，世界卫生组织将"罕见病"定义为患病人数占总人口的0.65%—1%的疾病或病变。多数"罕见病"是慢性严重性疾病，通常会危及生命。

那么，你知道哪些"罕见病"呢？

　　成骨不全症——瓷娃娃（他们像娃娃一样娇小可爱，但是一个拥抱、蹬一次被子，甚至在看动画片时哈哈大笑都有可能使他们骨折）。

　　白化症——月亮的孩子（白色的头发和皮肤，他们极易被阳光晒伤，月夜是他们的乐园）。

　　黏多糖贮积症——黏宝宝（"长不大，活不长"是医生对很多黏宝宝的预言，但是他们也好想好想和所有小朋友一样茁壮成长）。

　　苯丙酮尿症——不食人间烟火的孩子（这是一群不食人间烟火的孩子，肉、蛋、奶这些人体所需的食物，他们从出生起就不曾尝过，他们终生依靠特食生活）。

　　血友病——他们就像用玻璃做的，一旦皮肤出血，将无法凝结。每一次的磕碰创伤，都有可能导致残疾，甚至危及生命。

淋巴管肌瘤病——自由呼吸是她们最大的梦想。

特发性肺动脉高压——走一百米的路程、爬一层楼的高度，对他们来说都是一种奢望。

结节性硬化症——蝴蝶结（面部蝴蝶状结节，癫痫，可能造成的智力低下，让他们难以自信地面对人群）。

遗传性共济失调——企鹅家族（走起路来，他们会不停地摇晃，步态像企鹅一般）。

瑞特综合征——瑞特综合征患者通常都是女孩，她们笑容甜美，但严重的自闭倾向，使她们像活在另一个世界的天使。

尼曼匹克氏病——他们还是孩子，可已经要承受肝硬化、肚子肿大的痛苦，还会导致癫痫。他们有着可爱的笑脸，但他们的身体像苹果一样圆鼓。

克氏综合征——这是一种先天性染色体异常疾病，只有男性患病，男性发病率约为1/3500—1/5000。

进行性肌营养不良——渐冻人（成年后，他们将出现行动障碍，最后恶化到无法行走，无法写字、吃饭）。

这些都是比较典型的"罕见病"种类。

"改变从了解开始"——2012年，"国际罕见病日"中国区以这句话作为宣传语，让更多人了解并关注那些"罕见病"儿童。

人们的关注，就可能改变他们的命运。

肖剑，一个普通的"80后"男生，一个地道的湖北荆州人。他用自己的行动帮助那些"罕见病"儿童。

有这样一段视频：一个穿着白色帽衫、牛仔裤，在全国各大高校门前跳舞的男生。这个人就是肖剑,他不断重复着舞蹈动作,为"瓷娃娃"们募集善款。

在每一段视频的开头,都会发现"瓷娃娃关爱中心,全国高校公益行"的标语。这样一段时长约260秒的视频,收录了在北京、上海、广州、深圳、武汉、重庆等城市,200余所大学校门前,肖剑卖力跳舞的画面。其中有一个细节值得关注,那就是肖剑跳舞时穿的上衣,上面印有"瓷娃娃罕见病关爱中心"的标识。

肖剑为何要向全社会呼吁,关注"瓷娃娃"呢?

原来,在一次下班回家的路上,走到汉口武胜路的时候,肖剑看到了一对正在乞讨的父女。当肖剑了解到父女俩都患有成骨不全症后,他立即捐献了100元钱。回家之后,肖剑并没有把这件事抛在脑后。他决定,要利用自己的业余时间,宣传"罕见病"知识,让大家关注可怜的"瓷娃娃"。

之所以要在高校门口跳舞,并录制成视频,宣传关爱"瓷娃娃",肖剑表示:"年轻人在看到这个视频后,往往会转发到社交网站或微博上,这样可以引起更大的关注。此外,受过高等教育的人往往热衷于公益事业,大学校门前的舞蹈,会让人觉得很亲切。"

在肖剑萌发了"录制视频"的想法以后,在2011年年底到2012年年初的时间里,他和弟弟自费来到全国各大高校录制视频,前后共花费了一万多元钱。这个过程中,为了节省开支,他们尽量乘坐公交车。要奔走于全国各个城市,又要寻找高校并进行拍摄,肖剑没有觉得辛苦,反而认为自己为关爱"瓷娃娃"做了贡献,这样的付出很值得。

肖剑的宣传方式引来了争议,许多人说他是在炒作,还有人说他的舞蹈动作是在哗众取宠。面对质疑,肖剑坦然地回应:"我只是在用创意的方式来宣传公益。如果说用这种'哗众取宠'的方式能够获得更多人来关注公益事业,我也觉得是有意义的。"

据"瓷娃娃罕见病关爱中心"的创始人黄如方介绍:"很多人是看到肖剑的宣传视频后,才了解到我们的。目前我们的'新年大礼包'活动,已收到捐款 10 多万元。"

面对残病、弱小,我们也可以像肖剑一样,做一些力所能及的事情。为公益事业出点力,做点实事,像雷锋一样,有一分热,发一分光。

如今,从个人到团队,越来越多的人开始为公益事业忙碌。比如"壹基金"公益基金会,它是由李连杰先生发起成立的创新型公益组织,致力于传播创新的、人人皆可参与的公益文化,搭建公信透明的、可持续发展的公益平台,尽可能地为各种自然灾难提供人道主义援助。由"壹基金"公益基金会发起的"海洋天堂计划",是"壹基金"为自闭症、脑瘫、"罕见病"儿童提供医疗救助、教育资助、生活补助、心理支持的公益计划,它切切实实地为患儿们做了很多事情。

汇聚点滴力量,将集结成海洋般深广的爱。请伸出你的手,奉献出你的爱。我们的榜样——雷锋,就是在平凡的人生中,不断地付出自己的爱。我们应该发扬雷锋精神,让世界充满爱!

"功在当代,利在千秋",雷锋精神始终与时代同行。

20 世纪 60 年代初,人们要向雷锋学习,学习他不怕苦、不忘本的精神,做一名毫不利己、专门利人的好战士;70 年代末到 80 年代初,人们要向雷锋学习,学习他努力建设国家、公而忘私的精神,做一名全心全意为人民服务的新一代青年;90 年代初,人们要向雷锋学习,学习雷锋爱岗敬业、关心集体的精神,党员干部齐带头,做一名时刻为人民群众着想的好干部、好公仆。

到了 21 世纪,雷锋精神依然引领我们前行。我们要向雷锋那样,热爱党、热爱祖国、热爱社会主义,拥有崇高的理想和坚定的信念。我们要学习雷锋服务人民、助人为乐的奉献精神;学习雷锋干一行、爱一行、专一行、精一行的敬业精神；学习雷锋锐意进取、自强不息的创新精神；学习雷锋艰苦奋斗、勤俭节约的艰苦创业精神。

无论雷锋精神被赋予怎样的时代意义，都需要我们用行动来体现。作为当代青少年，我们朝气蓬勃，有奋斗的目标，有无穷的力量。我们要不断地向雷锋学习，将雷锋的实干精神投入到公益事业中去。

人民公仆：杨善洲

"全心全意为人民服务"是党的宗旨，也是社会主义道德建设的核心内容。因此，不仅党员干部应当以"全心全意为人民服务"作为准绳，检验自己的行为，每个公民都有义务按照这一点去做，做一个具有高尚道德情操的人。当代青少年，越是在富足的生活条件下，越是应当牢记"为人民服务"的宗旨，不自私、不冷漠，真心实意地做一些关心爱护他人的事，做一个有真情实感的人。

发扬光大雷锋精神，就要像雷锋那样，把有限的生命投入到无限的为人民服务中去。历史在前进，社会在发展，虽然我们所处的改革开放时代与雷锋成长的年代相比，已经发生了很大的变化，但是，我们几代人为之奋斗的共同理想和目标始终矢志不移。全心全意为人民服务，仍然是我们每一个共产党员所必须遵循的根本宗旨，仍然是我们这个社会所需要大力倡导的价值观念和道德风尚。发展社会主义市场经济，根本目的是要解放和发展社会主义社会的生产力，增强社会主义国家的综合国力，提高人民生活水平，消除两极分化，最终达到共同富裕。这和为人民服务的宗旨在根本上是一致的。社会主义社会是一个全面发展的社会，物质文明和精神文明两方面都搞好，才是有中国特色的社会主义。广大人民群众在物质生活水平不断提高的同时，希望我们的社会风气越来越好，希望不正之风和腐败现象得到纠正，希望助人为乐、见义勇为的行为在全社会蔚然成风。这就要求我们大力弘扬为人民服务的思想，进一步树立社会主义的价值观念和道德风尚。

在滇西保山市施甸县流传着这样一首民谣：

> 杨善洲，杨善洲，老牛拉车不回头，当官一场手空空，退休又钻山沟沟；二十多年绿荒山，拼了老命建林场，创造资产几个亿，分文不取乐悠悠……

这首民谣，歌颂的是一位六十年如一日、辛勤奉献、造福人民的老人——杨善洲。

杨善洲曾担任云南省保山地委书记。他一生清廉，日子清贫，为官几十年一直兢兢业业为国家、为人民操劳，从未懈怠。20世纪80年代，时年60岁的杨善洲光荣退休，组织上安排他去生活条件更好的昆明养老，杨善洲却拒绝了。他说："我要回到家乡施甸种树，为家乡百姓造一片绿洲。"

杨善洲的老家有一座"大亮山",杨善洲的家就在这座山的脚下。20世纪六七十年代,人们的环保意识还不强,为了谋取经济利益,人们大面积地毁林开荒,致使当地生态平衡遭到严重破坏。山泉渐渐枯涸,大地失去生机,这一切,给当地百姓的生活造成了极大的影响。

退休后,杨善洲不愿就此享受安逸的生活,他还想为自己的家乡、为人民继续奉献。他一直记得自己的诺言:退休后,要为家乡办点事。就这样,62岁的杨善洲,卸下了原来的工作担子,但又挑起新的担子。他回到老家保山市施甸县,雇了15个人,带了18匹马,爬上家乡的大亮山,开始植树造林。杨善洲就此扎根林场,一干就是二十年。

当初,杨善洲刚有去大亮山造林的打算时,家乡人都劝他不要去。乡亲们说:在大亮山上,像野樱桃、桤木这样的树都活不了,

更别说大片的树林了。但是,乡亲们的劝阻没有动摇杨善洲的信念。他找来植物研究人员,对大亮山进行全面考察,制订了科学的植树造林计划。他还造访了大亮山社的社长李宗清,想得到大亮山社的支持。李宗清社长见老书记这把年纪还在为造福家乡努力,深受感动,二话不说就答应了杨善洲的请求,并表示一定全力支持。

在杨善洲的努力下,林场迅速建起来了。山上没有办公场所,甚至连间房子都没有,杨善洲就带领林场职工就地盖房,用木头建起了几间简陋的屋子。他们在这不避风、不遮雨的房子里办公、吃住。山上没有通电,照明靠马灯。日用品稀少,他们甚至连一张像样的床都没有。没有床褥,所有人都睡在木头桩子支起的木板上,只在上面铺上一层草。但杨善洲老人和他的林场职工们却一直坚守着这座山、这片林,从未放弃。

在杨善洲的带领下,林场的经营很快有了起色,树木渐渐成长,运营模式也日趋成熟,效益也开始逐步增长。但是,经营林场并不是一件容易的事儿,会遇到许多困难和打击。就在林场形势一片大好的时候,当地发生了一次鼠灾。几夜之间,"穷凶极恶"的老鼠啃掉了林场中三分之二的茶树。那时候,林场的主要经济来源就是这些茶树。鼠患给林场带来了非常大的打击,林场中的许多人开始动摇,他们犹豫着要不要坚持下去。这个时候,杨善洲老人坚定地对大家说:"茶园毁了可以重新种植,人的精神垮了,事业就真正完了。"他鼓励员工们打起精神,不要被灾难打倒,要继续奋斗下去。

此后,林场又陆续遇到一些挫折。

有一年,林场种植的华山松被一种叫作"紫茎泽兰"的毒草侵害,将近400亩的华山松遭到了破坏。但杨善洲依然没有被挫折打倒,他带领大家消灭毒草,继续植树。

林场是由杨善洲一手创建起来的,但他却不是林场的场长。除了每月70元的伙食补助,杨善洲不拿林场的一分钱。林场场长实在看不下去,非要给杨善洲500元补助,却受到老人的厉声质问:"我上山是来种树的,要那么多钱干什么?"

杨善洲不仅不拿报酬,还时常倒贴钱。他的妻子每次来林场探望他,林场都派车接送,以确保老人的安全。杨善洲的妻子坐过4次林场的车,杨善洲便向林场交了300多元的汽油钱,林场不收,他说:"我当个领导已经够'特殊'的了,不能再占公家的便宜了。"

杨善洲不只是自掏汽油钱,林场经济困难的时候,他就用自己的退休金给大家发工资。

1999年11月,杨善洲老人在林场劳动时摔伤,造成左腿粉碎性骨折。当时,杨善洲已经是一位72岁高龄的老人了,然而,他只卧床休息了半年,就拄着拐杖登上了大亮山,回到了他的工作岗位。老人像一位永远不会被打倒的战士,不断向前、向前!直到为人民、为国家奉献到最后一刻。

杨善洲曾说过:"我不是为了钱,我要是为了钱,就不会来这里受苦了。"

杨善洲一生清贫,家里连盖新房的钱都没有。2010年,保山市奖给杨善洲20万元奖金,他将其中的16万元捐给了当地的学校和林场，剩下的4万元，留给了跟着自己受了一辈子苦的老伴儿，作为养老的钱。

有人保守地估算过，杨善洲老人建起的这片林场，最少值3亿元人民币，而老人却分文不取，全部献给了国家。

杨善洲拥有的，是怎样一种无私的奉献精神啊！他一辈子清贫，却为国家和人民奋斗了一生。

杨善洲老人带领林场职工共造林5.6万亩，林场林木覆盖率达97%以上。昔日寸草不生的荒山如今已经郁郁葱葱。珍稀的树种，在这里生长；濒临绝种的动物，在树林间栖息。整个大亮山，因杨善洲老人的付出而充满生机。

杨善洲是大公无私、坚守信念、一生奉献的代表，他为后人留下了一片绿荫和一种精神！

作为青少年，我们应当继承前人的优秀传统和精神，发自内心地去做一个传承者、延续者。服务于人、帮助他人，贡献自己的力量，这些离我们并不遥远。相信每个人都做过利于他人的好事，也许是在朋友遇到困难时，你挺身而出；也许是看到贫困弱小，你上去帮扶一把；也许是看到灾区民众的遭遇，你慷慨解囊……这些都是雷锋精神的体现。其实，在不经意间，你内心中的高大精神已经得到了体现。只要我们常怀一颗善良的心，在雷锋式的人物身上汲取更多的精华，慢慢的，量变的积累达成质变，终有一天将破茧成蝶，站上时代道德的高地，成为楷模。

第二章 《雷锋日记》摘选

1958 年

6月7日

……如果你是一滴水,你是否滋润了一寸土地?如果你是一线阳光,你是否照亮了一分黑暗?如果你是一颗粮食,你是否哺育了有用的生命?如果你是一颗最小的螺丝钉,你是否永远坚守在你生活的岗位上?如果你要告诉我们什么思想,你是否在日夜宣扬那最美丽的理想?你既然活着,你又是否为未来的人类的生活付出你的劳动,使世界一天天变得更美丽?我想问你,为未来带来了什么?在生活的仓库里,我们不应该只是个无穷尽的支付者。

6月×日

读《沉浮》以后，这本书给了我深刻的印象，沈浩如和简素华的恋爱故事教育了我。我认为简素华的那种坚强不屈的意志，那种高尚的共产主义风格，那种克服困难的决心和信心，那种艰苦朴素的工作作风，对群众那样的关怀，是值得我学习的。沈浩如同志是一个有严重资产阶级意识的人，处处只为个人打算，怕吃苦，他那些可耻的行为，我坚决反对。

6月×日

一、保证克服一切困难，勤学苦练，早日学会技术。

二、保证破除迷信，大闹技术革命。

三、保证维护好机械，做到勤检查，勤注油；保证全年安全生产，不出机械和人身事故。

四、保证以冲天的革命干劲，以百战百胜的精神，苦干、实干、巧干，超额完成生产任务。

五、保证100%地参加学习和各种会议，以求得政治、文化、技术各方面的提高。

六、保证做好社会宣传工作，敢想、敢说、敢干，发挥一个共青团员应有的热能。

1959 年

8月26日

自从由鞍山转到弓长岭以来，自己就抱定决心：一定要很好地工作、学习，争取加入中国共产党。对各种学习任务都能认真完成；自学较好，每天早晨学习一小时，晚上总是要自学到深夜10至11点钟。早晨坚持做早操，没有违犯过纪律，都能按规定去做。今后，我应当继续加强组织纪律性，向违法乱纪作斗争，严守纪律，听从指挥，做好机器检查和保养，保证安全，消灭事故。努力学习政治，开展思想斗争和批评与自我批评，加强团结，虚心学习。

8月30日

我深深地认识到，做每一件工作，完成每一项任务，哪怕是进行每一次学习，都十分需要听党的话，听领导的话，争取领导的帮助和支持。

党和领导叫怎样去做，就不折不扣地按党的指示去做。这样，就是有再大的困难，也有办法克服；再艰巨的任务，也能完成。相反，如果脱离了领导，不听党的话，光凭个人的心愿去做事情，是很难做好的，甚至要犯错误。有些同志思想进步慢，工作成绩差，是什么原因呢？我认为原因只有一个，就是自以为正确，不听党的话，不听群众的话，明明自己的看法不对，也不改正；明明领导和同志们的意见是正确的，也不诚恳地接受。这样，就会落后。

党的声音，就是人民的声音。

听党的话，就会开放出事业的花朵！

10月×日

1958年入厂时候，我只是一个抱着感恩的思想埋头苦干的工人，在生产上只能做到完成自己的任务和达到每天的定额。

后来，在党的教育下，特别是受到党的社会主义建设总路线和全国人民冲天干劲的鼓舞，才使我的思想和眼界变得更加开朗和远大，才使我的干劲越来越高涨。

由于党的教育，我懂得了这个道理：一朵鲜花打扮不出美丽的春天，一个人先进总是单枪匹马，众人先进才能移山填海。

10月25日

青春啊！永远是美好的。可是真正的青春，只属于这些永远力争上游的人，永远忘我劳动的人，永远谦虚的人。

一滴水，只有放进大海里，才永远不会干涸；一个人，只有当他把自己和集体事业融合在一起的时候才能最有力量。

11月2日

向市劳动模范张秀云学习。首先学习她高度的主人翁责任感，对党对社会主义建设事业的赤胆忠心；学习张秀云同志积极主动、帮助别人、大公无私、舍己为人的共产主义思想和团结群众的优良作风；学习她坚持向群众学习、不断充实自己、谦逊好学的精神。

11月14日

今天，我感到特别的高兴。一天紧张工作过后，一点儿也不觉得疲劳，我感到浑身是劲。深夜了，我还坐在车间调度室里，看一本学习毛泽东同志的思想方法和工作方法的书，真使我看得入了迷，越看越使我感到毛主席的英明和伟大。

深夜11点钟了，走出门外，天黑得伸手不见五指，这时突然下起雨来了。陈调度员说，我们建筑焦炉工地上，还散放着7 200袋水泥。陈调度员急得一时手足无措。……雨越下越大，这时，我猛然想到了党的教导，要我们爱护国家财产，又想到了我是一个共青团员。想到这些，一种无穷的力量鼓舞着我急忙跑到工地，用自己的被子，并脱下了衣服，抢着盖在水泥上。后来，我又跑到宿舍，发动了20多个小伙子，组织了一个抢救水泥的突击队，有的忙着找雨布，有的忙着找芦席，盖的盖，抬的抬，经过一场紧张的战斗，避免了国家的财产受到重大的损失。

这时，我才松了一口气。抹掉了头上的汗，带着乐观的心情，昂首阔步回到了宿舍，回忆自己为国家、为党做的一点点工作而高兴。

11 月 × 日

我们在建设焦化厂当中，住不好、吃不好和工作环境不好等，这些困难都是暂时的、局部的、可以克服的。只要我们有叫高山低头、河水让路的气概，是没有战胜不了的困难的。

11 月 20 日

我在鞍钢开推土机时，车间主任给了我一个任务，要我带三个学员。自己的技术不高，又怎能教好学员呢？可是，我想到这是党给我的任务，我一定要坚决完成。在驾驶和学习机器构造原理时，我和他们互相研究，我不懂就去请教其他师傅，而后再告诉他们。他们只用四个月就学会了开推土机。毕业后，工厂要给我 36 元带学员的师傅钱，我没要。我学的技术是党培养的，今天告诉别人是应该的。

11 月 26 日

中午 12 点，我刚从车间开完会回到宿舍，一进门就被大家围住了。小王拿着一张报纸跑到我跟前说："雷锋同志，你看，你上次在雨夜抢救水泥，登了共青团员报了！"当时，我也和大家同样感到高兴。这对我和大家来说，都是很大的鼓舞。……我这么一点点贡献，比起党对我的要求和希望还是做得很不够的，但是我有决心忘我地劳动，赤胆忠心，不骄不傲地乘胜前进。多为党做一些工作，这就是我感到最光荣的。

12月4日

　　昨天，当我听到车间总支部李书记关于1959年征兵的报告后，我激动得一时一刻都没有平静。深夜了，我怎么也睡不着觉，便从床上爬起来，跑到了车间办公室，叫醒了已熟睡的李书记。我问他："我能不能入伍呀？"李书记笑着回答说："能呀！像你这样身强力壮的小伙子，参加人民解放军是顶呱呱的哩！"他从头到脚仔细地看了我一下说："哎呀，小雷怎么没穿棉衣呀！下这么大的雪，不冷吗？"这时我才觉得穿一身衬衣有点寒冷。李书记把棉衣披在我的身上。回到了宿舍，我还是不想睡觉，坐在条桌旁写我的入伍申请书和决心书。

　　今天一清早，我就到车间报了名。现在，我的愿望就要实现了，我怎么能够不高兴呢！只要组织上批准我入伍，我一定要把自己最可爱的青春献给我们的祖国，做一个真正的共产主义革命战士……

12月8日

　　一个革命者，当他一进入革命行列的时候，就首先要确立坚定不移的革命人生观。……树立这样的人生观，就必须培养自己的思想道德品质，处处为党的利益、为人民的利益着想，具有大公无私、舍己为人的风格。……要能够为党的利益、为集体的利益不惜牺牲自己的利益。否则就是个人主义者，是资产阶级的人生观。

12月20日

　　一个人出生在世界上以后，除了早夭的以外，总要活上几十年。每个人从成年一直到停止呼吸的几十年的生活，就构成各人自己的历史。至于各人自己的历史画面上所涂的颜色是白的、灰的、粉红的或者鲜红的，虽然客观因素起一定作用，但主观因素起决定性的作用。每个人每时每刻都在写自己的历史,每个共产党员和共青团员都应该好好地想一想……

1960 年

1 月 × 日

我出身于贫苦家庭,在旧社会过着缺衣少吃的苦日子。那种受奴役、被欺凌的仇恨,我永远铭记在心。

1 月 8 日

这天是我永远不能忘记的日子,这天是我最大的荣幸和光荣的日子。我走上了新的战斗岗位,穿上了黄军装,光荣地参加了中国人民解放军。我好几年来的愿望在今天实现了,真感到万分的高兴和喜悦,这是我一生最大的幸福。

在党的正确领导下,在革命的大家庭里,我一定要好好地锻炼自己,在入伍的这一天,我提出如下保证:

一、听党的话,服从命令听指挥,党指向哪里,我就冲向哪里。

二、加强政治学习,多看报纸和政治书籍,按时参加部队各种会议和学习,积极宣传党的政策,密切靠近组织,及时向组织反映各种情况,不断提高自己的政治思想觉悟。

三、尊敬领导,团结同志,互帮互爱互学习。

四、严格遵守部队一切纪律,做到虚心向老战士学习,刻苦钻研,加强军事学习,随时准备打击敌人。

五、克服一切困难,发扬先辈优良的革命传统。我要坚决做到头可断,血可流,在敌人面前决不屈服、投降。我一定要向董存瑞、黄继光、安业民等英雄学习。

六、我要努力学习政治、军事、文化,我要好好地锻炼身体……

我渴望已久的参加中国人民解放军的理想实现了，怎么叫我不高兴呢！我恨不得把我的心掏出来献给党才好。晚上我怎么也睡不着，我的心就像大海的浪涛一样，好久不能平静。

我，一个在旧社会受苦受罪的穷苦孤儿，现在成为一个国防军战士，得到党和首长的信任，受到战友们的热爱，我真不知说什么好……

在这个革命的大家庭里，首长胜过父母，战友亲过兄弟，这一切只有在党的领导下的人民军队里才能得到……

我一定不辜负党对我的教育和期望，我决心保持和发扬我们弓长岭矿全体职工的光荣，军政学习争优秀，全心全意保卫国防，成为一个优秀的国防军战士。

1月12日

今天，我看了一篇文章，那上面讲了许多向困难作斗争的道理。文章说："斗争最艰苦的时候，也就是胜利即将来到的时候，可也是最容易动摇的时候。因此，对每个人来说，这是个考验的关口。经得起考验，顺利地通过这一关，那就成了光荣的革命战士；经不起考验，通不过这一关，那就要成为可耻的逃兵。是光荣的战士，还是可耻的逃兵，那就要看你在困难面前有没有坚定不移的信念了。"文章还说："困难里包含着胜利，失败里孕育着成功，革命战士之所以伟大，就是他们能透过困难看到胜利，透过失败看到成功。因此他们即使遇到天大的困难，也不会畏怯逃避；碰到严重的失败，也不至气馁灰心，而永远是干劲十足，勇往直前，终至成为时代的闯将。"

"虽然是细小的螺丝钉，是个微细的小齿轮，然而如果缺了它，那整个的机器就无法运转了，漫说是缺了它，即便是一枚小螺丝钉没拧紧，一个小齿轮略有破损，也要使机器的运转发生故障的。"

"尽管如此,但是再好的螺丝钉,再精密的齿轮,它若离开了机器这个整体,也不免要当作废料扔到废铁料仓库里去的。"

2月8日

我出生在一个很贫穷的农民家庭,在旧社会里受尽了折磨和痛苦。参军以后,我在党的培养教育下,深深懂得了社会主义的今天是由无数革命先烈和战友的艰苦奋斗、英勇牺牲得来的。从我参加革命那天起,就时刻准备着为了党和阶级的最高利益牺牲个人的一切,直至最宝贵的生命。

2月15日

……《纪念白求恩》:"一个人能力有大小,但只要有这点精神,就是一个高尚的人,一个纯粹的人,一个有道德的人,一个脱离了低级趣味的人,一个有益于人民的人。"这话给我很大鼓舞。个子小,我也要尽我自己最大的力量,做到毫不利己,专门利人,向伟大的国际主义战士白求恩学习。

3月×日

……我为群众尽了一点自己应尽的义务,党却给了我极大的荣誉,去年被评为先进生产者,并出席了鞍山市青年建设积极分子大会。这完全是由于党的培养,是由于毛主席思想给了我无穷的力量,是由于广大群众支持的结果。我要永远地记住:

"一滴水只有放进大海里才能永远不干,一个人只有当他把自己和集体事业融合一起的时候才能有力量。"

"力量从团结来,智慧从劳动来。行动从思想来,荣誉从集体来。"

我要永远戒骄戒躁,不断前进。

3月10日

在今天的电影里,我看到英勇的革命战士黄继光。他为了党和人民的事业,为了人类的解放而献出了自己最宝贵的生命。……他这种为了党和人民的事业而牺牲了自己的崇高精神是值得我永远学习的。

6月5日

要记住:

"在工作上,要向积极性最高的同志看齐;在生活上,要向水平最低的同志看齐。"

6月×日

单丝不成线,独木不成林。一个人是办不了大事的,群众的事一定要发动群众、依靠群众自己来办。……我一定虚心向群众学习,永远做群众的小学生。只有这样,才能做好工作,才能不断进步。

我深切地感到:当你和群众交上了知心朋友,受到群众的拥护,这样会给你带来无穷的力量,再大的困难也能克服。无论在什么艰苦的环境中,都会使你感到温暖和幸福。

11月8日

1960年11月8日,是我永远不能忘记的日子。今天,我光荣地加入了伟大的中国共产党,实现了自己最崇高的理想。

我激动的心啊!一时一刻都没有平静。伟大的党啊!英明的毛主席,有了您,才有了我的新生命。我在九死一生的火坑中挣扎和盼望光明的时刻,是您把我拯救出来,给我吃的,穿的,还送我上学念书。我念完了高小，戴上了红领巾，加入了光荣的共青团，参加到了祖国的工业建设，又走上了保卫祖国的战斗岗位。在您的不断培养和教育下，我从一个孤苦伶仃的穷孩子，成长为一个有一定知识和觉悟的共产党员。

伟大的党啊，您是我慈祥的母亲，我所有的一切都是属于您的，我要永远听您的话，在您的身下尽忠效力，永做您忠实的儿子。

……

11月15日

我们决不能好了疮疤忘了疼。

在今天演出的评剧《血泪仇》里，看到了王东才、小贵芳，他们遭到阶级敌人的迫害，甚至被强奸、逼死的惨景，不禁勾起我无限辛酸的回忆。我出身在一个很贫穷的农民家庭，我父亲专靠给地主扛活来维持一家半饱的生活，终年辛勤的劳动，到了新年初一，全家五口人有米不到半升，哥哥只好领着我出去"送财神"，讨点饭回来吃。

……那时我虽然年纪小，对那些要命的野兽般的帝国主义和黑暗的社会是多么入骨的痛恨！那时我真想要是有亲人搭救我，我一定要拿起枪，粉碎那些狗豺狼，为爹妈报仇。

自从来了人民的大救星、伟大的中国共产党，党把我从火坑中拯救出来。……今天，在社会主义社会里，在革命的大家庭里，生活在伟大的毛泽东时代是多么幸福啊！对我来说，是特别深切感受到的。我们决不能好了疮疤忘了疼，应该"饮水思源"。想想过去，看看现在，我们都不能不以革命的名义来对待革命事业，更高地举起毛泽东思想红旗，发扬革命先烈艰苦奋斗的精神和优良的传统，全心全意地投入社会主义建设事业，做出更多更好的成绩。

日记

60年11月16日，是我永远不能忘记的日子，今天我光荣的加入了伟大的中国共产党，实现了自己最崇高的理想。

我激动的心啊！一时一刻都沉浸在巨大的幸福中！亲爱的党主席，毛主席，抚育了我们的亲生的父母，把我从一生的沉沦中，挽救了起来，引向光明的前途，党给我教育，给我知识，给我温暖，还送我上了学念书，使我自觉了，使我参加了红卫兵，加入了少年先锋队，参加到了祖国的工业建设，又走上了抗美援朝的斗争中，在党的不断培养和教育下，使我从一个流浪的穷孩子成长为一个有一定觉悟的共产党员。

伟大的党啊，您是我慈祥的母亲，我所有的一切都是您给的，我要永远听您的话，在您的身上尽忠效力，永做您忠实的儿子。

千言万语汇成一句，使我更坚定了意志，思想和眼光，要更坚强的斗争在这大地

是一个共产党员，人民的勤务员，为人民的事业而奋斗终生。祖国的江山，大海，巨门，给了党和人民的子女。就是粉化倒过几万次，自心松愿，永断革命当红心永远不变。

11月×日

今天我们处在一个翻天覆地、千变万化的时代,一个英雄辈出、百花盛开的时代,一个6亿人民精神振奋,斗志昂扬,意气风发的时代。在这样的时代里,我们应当鼓足更大的革命干劲,激发更大的革命热情,站得高些,更高些;看得远些,更远些!

11月27日

在今天的授奖大会上,工程兵党委授予我"模范共青团员"的光荣称号……我真感到十分惭愧。我为党做的工作太少了,仅仅尽了一点点本身应尽的义务,党和人民却给了我这么大的荣誉。我是慈祥的母亲——中国共产党把我哺育大的,要是没有党就没有我的一切。今天我所取得的这一点点成绩,应归功于不断培养教育我成长的党,应归功于热情帮助我进步的同志们。

11月×日

今天,我生长在幸福的时代,处处感到温暖。祖国到处都有我慈祥的母亲——伟大的中国共产党对我无微不至的关怀和教育。我这一点点贡献比起党对我的要求和期望还做得很不够。我决心听党的话,好好学习,忘我地工作,积极参加劳动,奋发图强,勤俭建设社会主义。

熟练手中武器,学好军事技术,时刻准备着,当党需要我,我一定挺身而出,不怕牺牲和一切困难,永远忠于党,忠于人民。继承长辈优良的革命传统,保卫社会主义建设。我要把自己可爱的青春献给祖国最壮丽的事业,做一个真正的共产主义革命战士……

12月8日

　　一个革命者，当他一进入革命的行列的时候，首先要确定坚定不移的革命人生观。树立这样的人生观，就必须注意培养自己的思想道德品质，处处为党的利益、为人民的利益着想，具有大公无私、舍己为人的风格，能够为党的利益、为集体的利益不惜牺牲自己的利益，否则就是个人主义者。
　　……

12月27日

　　"……不怕饥饿，不怕寒冷，不怕危险，不怕困难。屈辱，痛苦，一切难于忍受的生活，我都能忍受下去！这些都不能丝毫动摇我的决心，相反，是更加磨炼我的意志！我能舍弃一切，但是不能舍弃党，舍弃阶级，舍弃革命事业。"

　　永垂不朽的革命烈士——方志敏同志是我永远学习的榜样。我出身在一个很贫穷的农民家庭，在旧社会受尽了折磨和痛苦，在慈祥的母亲中国共产党的不断哺育和教导下，成为一个国防军战士、光荣的共产党员，我要时刻准备着为党和阶级的最高利益，牺牲个人的一切，直至生命。

×月×日

雷锋同志：

　　青春：闪烁着共产主义火花的青春，在火花里不怕燃烧，在水里不会下沉。

1961 年

1月1日

　　1960年已过去了，新的1961年在今天已开始。今天我感到特别的高兴。入伍一年来，我在党和首长的培养教导下，由于同志们的帮助，使我学会了很多军事技术知识。刚入伍时什么也不懂，手拿着枪还心惊肉跳直怕走火。由于连、排首长把着我手教，因此我才学会了射击，投弹也是同样地取得了优秀的成绩。汽车理论和实际驾驶学习，每次测验也都是5分。……由于政治觉悟的不断提高，因此才能在工作和学习中做出一点点成绩，并于1960年11月8日加入了伟大的中国共产党。我从一个流浪孤儿，成长为一个共产党员，这完全是党的培养教育、同志们帮助的结果。……我要永远忠于党，保卫党的利益，为党的事业奋斗终身。

1月18日

　　在我们前进的道路上，不可能不遇到一些暂时的困难，这些困难的实质，"纸老虎"而已。
　　问题是我们见虎而逃呢，还是"遇虎而打"？
　　"哪儿有困难就到哪儿去"——不但"遇虎而打"，而且进一步"找虎而打"，这是崇高的共产主义风格。

2月2日

　　今天我从营口乘火车到兄弟部队作报告，下车时，大北风刺骨地刮，地上盖着一层雪，显得很冷。我见到一位老太太没戴手套，两手捂着嘴，口里吹一点热气温手。我立即取下了自己的手套，送给了那位老太太。她老人家望着我，满眼含着热泪，半天说不出话来。……一路上，我的手虽冻得像针扎一样，心中却有一种说不出的愉快。

2月3日

今天我到达海城××部队后，上午作了一场报告，下午我和郅顺义老英雄见了面。……老英雄抚摸着我的头，紧紧地握着我的手，亲切地问我多大年纪，什么时候入伍的，同时还倒给我一杯茶。当时，我的心像抱着一只小兔子一样，怦怦直跳，有一肚子话可不知咋样说好。我听说老英雄是董存瑞的亲密战友，我的心像压不住似的要往外蹦，万分敬佩和羡慕地叫他给我讲董存瑞的英雄事迹。我听他说："董存瑞是六班的班长，我是七班的班长。在1948年5月25日打隆化县的时候，董存瑞在爆破组，我在突击组，我们的任务是要去炸掉敌人的四个碉堡和五个地堡。我们两个组牺牲了六个人，每组只剩下两个人了，董存瑞对我说：'就是剩一个人也要坚持战斗，不完成任务不回队！'在炸最后一个碉堡的时候，董存瑞用手举着炸药包，炸掉了敌人的碉堡，完成了战斗任务，我敬爱的革命战友董存瑞就这样英勇地为党的事业而光荣地牺牲了。"我听到老英雄讲完董存瑞的英雄事迹后，我的心像大海的浪涛一样，久久不能平静，我感动得满眼热泪直掉。

董存瑞英雄对敌人万分的愤恨，对党和人民无限的忠诚。在战争当中，英勇顽强，丝毫不畏缩，为人民的解放牺牲自己。董存瑞英雄是我永远学习的好榜样，我一定要为党和阶级的崇高事业，随时准备牺牲自己的一切，直至生命。

郅顺义老英雄是我永远学习的榜样，他在战斗当中，勇敢坚定，机动灵活。他俘虏敌人140多人，缴获机枪40多挺。他勇敢地消灭了敌人，保存了自己。

董存瑞和郅顺义两英雄的事迹，深深地教育了我，给了我莫大的鼓舞和无穷的力量,我一定要时刻用这些英雄的事迹来鞭策自己,永远忠于党,忠于人民。

2月16日

……我领到连部发给我的一斤苹果,怎么也舍不得吃,用自己心爱的手绢包了起来,放进了挂包里,心想来了客人给他们吃。今天,想起了在医院里的伤病员同志,他们在新年佳节的时候,是多么需要人去安慰啊!我是人民的子弟兵,应该去好好慰问那些伤病员同志。把自己领到的一点点吃的东西送给伤病员吃,不是更有意义吗?下午3点钟,我拿着一斤苹果,连同自己写好的一封慰问信送给了抚顺市望花区职工西部医院。

3月×日

凡是脑子里只有人民、没有自己的人,就一定能得到崇高的荣誉和威信。反之,如果脑子里只有个人、没有人民的人,他们迟早会被人民唾弃。

3月3日

我是人民的子弟兵,一定要永远牢记党和毛主席的教导,无论什么时候,都要关怀爱护人民群众的利益,为人民群众的利益而战斗不息。

我们的党、政府和全国人民对革命军人的关怀和照顾,是无微不至的。作为一个革命战士的我,是多么的自豪啊!但是我不能骄傲,一定牢牢记住党和人民对我的嘱托,努力学习,积极工作,勇敢战斗,保持和发扬人民军队的优良传统。

……

3月4日

今天,连长发给我一支新枪,我真像得到了宝贝一样,乐得连话都说不出来。看看那锋利而发亮的刺刀,摸摸那光滑的机柄,数着崭新的子弹,简直高兴得不知如何是好,生怕把枪弄脏了。看到枪机上落了一点点灰尘,我立即从衣兜里,掏出自己心爱的手绢,把灰尘擦得一干二净。

人民给我这支枪,我一定要好好保管和爱护。向党和人民保证,我决心勤学苦练,定要练出真正的硬本领,坚决保卫我们的社会主义建设,保卫我们伟大的祖国,随时准备给侵略者以致命的打击。

……

3月16日

世界上最光荣的事——劳动。

世界上最体面的人——劳动者。

4月×日

当你在最困难、最危险、甚至威胁自己生命之时,也能严格地遵守纪律,那就是好党员。我要做一个名副其实的好党员。

4月15日

……共产党所以能够领导人民群众,正因为,而且仅仅因为,它是人民群众的全心全意的服务者,它反映人民群众的利益和意志,并努力帮助人民群众组织起来,为自己的利益和意志而斗争。

4月16日

热情,像熊熊的火焰,是一切的原动力!

有了伟大的热情,才有伟大的行动!
……

4月×日

挤时间读书:早起点,晚睡点,饭前饭后挤一点,行军走路想着点,外出开会抓紧点,星期假日多学点。

如果不积累许多个半步,就不能走完千里。

4月28日

现在,我们国家处于困难时期。我们是国家的主人,应该处处为国家着想,事事要精打细算,不能今朝有酒今朝醉,明日愁来明日忧。我们要奋发图强,自力更生,克服当前存在的暂时困难,坚决反对大吃大喝,力戒浪费。

……

同志,您是否意识到您的一切生活在幸福之中?可能意识不到,也可能意识到了。当您能吃一顿饱饭,穿上一套衣服,能当家做主,自由地生活,您有如何感觉呢?有一种说不出的幸福感……

5月3日

我看到一位同志做了一件损公利己的事,心里过不去,立即批评和制止了他。爱护国家和人民财产是我的责任,不能不管,今后还应该大胆地管。

牢牢记住,并且要贯穿到自己的生活和实际行动中去——革命的利益高于一切,处处为集体利益而不惜牺牲个人的一切。

5月4日

……我为党做了些什么?当我想起党的恩情,恨不得立刻掏出自己的心；当我想起我所经历的一切太平凡了的时候，我就时刻准备着：当党和人民需要我的时候，我愿意献出自己的一切。

6月29日

……

十多年来，我在党的不断培养和教育下，提高了政治思想觉悟，树立了为共产主义事业奋斗到底的雄心大志，因此在各项工作和学习中取得了一点点成绩，党和人民给予了我很大的荣誉。自从去年各报刊和广播电台介绍了我的情况以后，收到了全国各地许多青年的来信。今天党对我这样信任，同志们对我这样尊重，我一定要更加虚心，尊重大家，努力学习，忘我工作……

8月6日

我看见有六位六七十岁的老太太来参加抚顺市第四届人民代表大会，内心十分羡慕和尊敬。我看到她们就好像看到了自己的祖母一样。拉着她们的手，微笑地向她们问好，并把她们一个个送到宿舍，给她们倒茶、打水……并和她们有趣地拉家常。……从阶级友爱出发，我不但爱这些老太太，而且爱全国人民，爱全世界的穷苦大众。他们都是我的亲人，我要为他们的自由、解放、幸福而贡献自己毕生的全部精力……

9月11日

人民的困难，就是我的困难，帮助人民克服困难，贡献自己的一点力量，是我应尽的责任。我是主人，是广大劳苦大众当中的一员，我能帮助人民克服一点困难，是最幸福的。

10月3日

人生总有一死,有的轻如鸿毛,有的却重如泰山。我觉得一个革命者活着就应该把毕生精力和整个生命为人类解放事业——共产主义全部献出。我活着,只有一个目的,就是做一个对人民有用的人。

当祖国和人民处在最危急的关头,我就挺身而出,不怕牺牲。生为人民生,死为人民死。

10月8日

今天我在报纸上看了一篇文章,其中鲁迅的两句诗对我教育很深。我坚决要按照鲁迅的那两句诗去做:

"横眉冷对千夫指,俯首甘为孺子牛。"

对敌人要狠,要像严冬一样残酷无情;对党、对人民要忠诚老实,永远忠于党,忠于人民。

10月15日

今天是星期日,我没有外出,给班里的同志洗了五床褥单,帮×××战友补了一床被子,协助炊事班洗了600多斤白菜,打扫了室内外卫生,还做了一些零碎事……总的来说,今天我尽到了一个勤务员应尽的义务,虽然累了点,也感到很快活。班里的同志感到很奇怪,不知道谁把褥单洗得干干净净的。×××同志惊奇地说:"谁把我的破被子换走了?"其实他不知道是我给他补好的呢!我觉得当一名无名英雄是最光荣的。今后还应该多做一些日常的、细小的、平凡的工作,少说漂亮话。

10月16日

高楼大厦都是一砖一石砌起来的,我们何不做这一砖一石呢!我所以天天都要做这些零碎事,就是为此。

10月19日

有些人说工作忙,没时间学习。我认为问题不在工作忙,而在于你愿意不愿意学习,会不会挤时间。

要学习的时间是有的,问题是我们善不善于挤,愿不愿意钻。

一块好好的木板,上面一个眼也没有,但钉子为什么能钉进去呢?这就是靠压力硬挤进去的,硬钻进去的。

由此看来,钉子有两个长处:一个是挤劲,一个是钻劲。我们在学习上,也要提倡这种"钉子"精神,善于挤和善于钻。

10月20日

人的生命是有限的,可是,为人民服务是无限的,我要把有限的生命,投入到无限的为人民服务之中去……

×月×日

学习《纪念白求恩》。

一个人能力有大小,但只要有这点精神,就是一个高尚的人,一个纯粹的人,一个有道德的人,一个脱离了低级趣味的人,一个有益于人民的人。

我决心听毛主席的话……事事大公无私,处处从党和人民的利益出发,全心全意为人民服务,决不让有一点肮脏的个人利益低级趣味的东西来玷污自己。向白求恩学习,做一个毫不利己、专门利人的人,为共产主义奋斗终身。

一个人,只要大公无私,处处从党和人民的利益出发,兢兢业业为党工作,老老实实为人民服务,就是一个有益于人民的人。

一个人只要他不存私心,时时刻刻考虑人民的利益,全心全意地去为人民服务,他就能成为一个道德高尚的人。

加强工作责任心,对同志对人民要忠诚,要热情,要关心,要

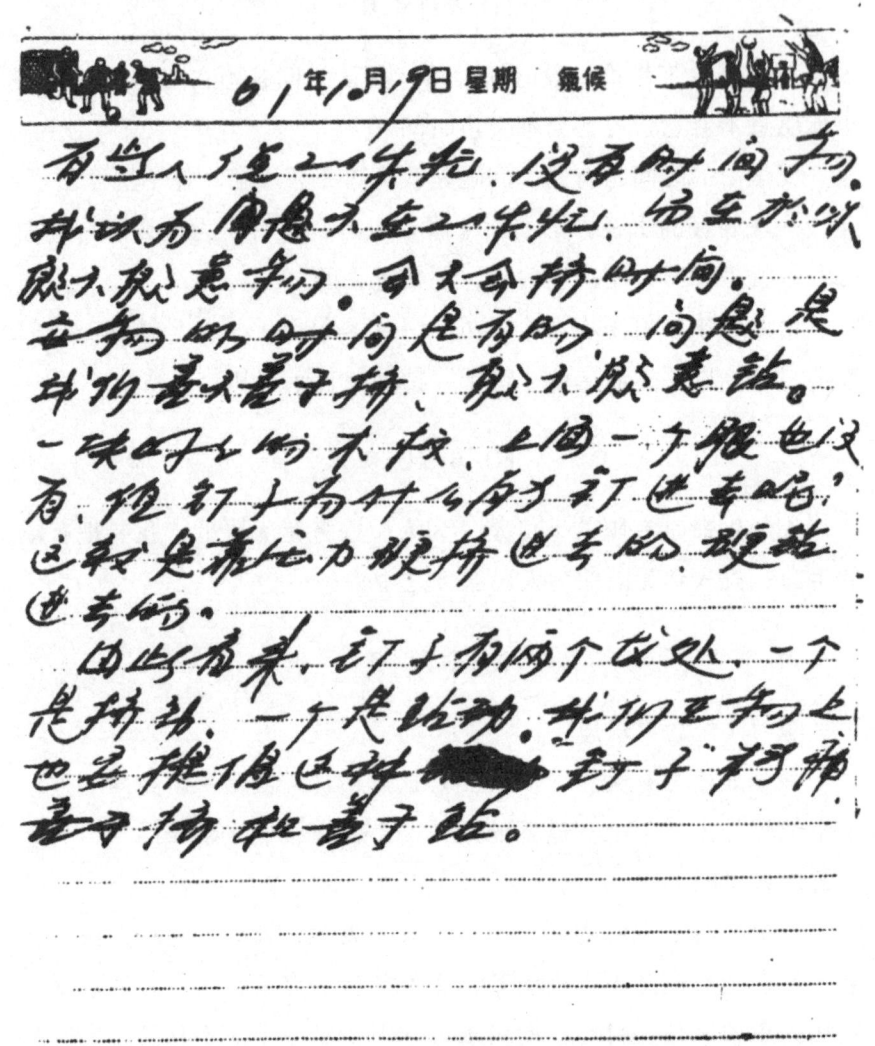

互相帮助。

一个革命战士必须具有把一切献身于无产阶级革命事业的崇高理想。

不但要有好的思想，而且还要有高超的技术，才能更好地为人民服务。

文章的结尾告诉了我们要做一个什么样的人。

我活着就要做一个对人民有用的人。

1962 年

1月1日

1961年已经胜利度过。回顾入伍两年来，在党和上级的耐心培养教育下，不断地提高了阶级觉悟，懂得了热爱同志和集体，懂得了怎样做人，懂得了党的号召就是我们行动的指南。由于我在实际工作和行动中，做出了一点成绩，部队党委授予我"模范共青团员"和"节约标兵"的光荣称号，并给我记二等功一次，三等功两次，这使我内心十分激动。因为我所做的是每个共产党员应尽的义务，而且距离党和上级的要求还差得远，获得一些成绩也是党的教育和同志帮助的结果。

在新的一年中，我决心继续努力，做各项工作中的红旗手，关心同志，关心集体，处处、事事、时时起模范带头作用……

1月14日

在最困难、最艰苦的工作中，我就想起了黄继光，浑身就有了力量，信心百倍，意志更坚强……

我每次外出执行任务或在最复杂的环境中，就想起了邱少云，就能严格地要求自己，很好地遵守纪律。

每当我得到福利和享受的时候，就想起了白求恩，就先人后己，把享受让给别人。

当个人利益与国家、党和人民的利益发生矛盾的时候，我就想起了过去家破人亡、受苦受难的苦日子，就感到党的恩情永远报答不完。

1月16日

今天下了大雪,刮着刺骨的北风。为了使车辆经常保持良好的技术状态,随时开得动,我和韩玉臣同志主动到车场保养车辆。双手拿着冰冷的工具,调整和修理铁的机器,的确冷得很,有时手拿着铁的机件,就把手和机件粘在一起了。特别是双手伸到汽油里去清洗机件,更把手指冰得好像针扎一样,我真想去烤烤火。可是,一想起连长在军人大会上的报告:"在三九天里保养车是一个艰巨的战斗任务,过硬的功夫是在冰天雪地里锻炼出来的。"我感到有一股暖流立刻传遍了全身,觉得有了无穷的力量,打消了烤火的念头,继续清洗机件。经过八个多小时野外苦战,终于把汽车保养好了。虽然手冻裂了口子,但是锻炼了自己的意志,提高了技术。

2月10日

我觉得一个革命者就应该把革命利益放在第一位,为党的事业贡献出自己的一切,这才是最幸福的。

2月12日

一个共产党员是人民的勤务员,应当把别人的困难当成自己的困难,把同志的愉快,看成是自己的幸福。

2月26日

过去,我是孤苦伶仃的穷光蛋。

现在,我是一个光荣的共产党员,国家的主人。

将来,我永远是党的忠实儿子,人民的勤务员。

2月×日

要树立四个观念：

一、政策观念。

二、集体观念。

三、战备观念。

四、劳动观念。

3月2日

骄傲的人，其实是无知的人。他不知道自己能吃几碗干饭，他不懂得自己只是沧海之一粟……

这些人好比是一个瓶子装的水，一瓶子不满，半瓶子晃荡，可是还晃荡不出来。这有什么值得骄傲的呢？

3月4日

我愿在暴风雨中——艰苦的斗争中锻炼自己，不愿在平平静静的日子里度过自己的一生。

3月×日

你崇高的行为就是献身于为人民服务，为自己的祖国效忠，为崇高的共产主义理想立功。

3月×日

不经风雨，长不成大树；

不受百炼，难以成钢。

迎着困难前进，这也是我们革命青年成长的必经之路。有理想有出息的青年人必定是乐于吃苦的人。

3月28日

我们要真正学到一点东西,就要虚心。譬如一个碗,如果已经装得满满的,哪怕再有好吃的东西,像海参、鱼翅之类,也装不进去,如果碗是空的,就能装很多东西。装知识的碗,就要像神话中的"宝碗"一样,永远也装不满。

4月4日

有人说:人生在世,吃好、穿好、玩好是最幸福的。

我觉得人生在世,只有勤劳,发愤图强,用自己的双手创造财富,为人类的解放事业——共产主义贡献自己的一切,这才是最幸福的。

6月30日

我认为,一个革命者,要树立牢固的集体主义思想,时刻都要把集体利益放在第一位。同时还要坚决打消个人主义,因为个人主义对革命不利,对集体有损害。个人主义好比大海中的孤舟,遇到风浪,一碰就翻。集体主义好比北冰洋上的原子破冰船,任凭什么坚冰都可以摧毁。我认为坐在小舟里摇摇晃晃不好,还是坐在原子破冰船上乘风破浪一往无前为好。

8月6日

我今天听一位同志对另一位同志说:"人活着就是为了吃饭……"我觉得这种说法不对,我们吃饭是为了活着,可活着不是为了吃饭。我活着是为了全心全意为人民服务,是为人类的解放事业——共产主义而斗争。

第四章 雷锋诗选

南来的燕子啊

南来的燕子啊！
新来的候鸟，
从北方飞到了南方。
轻盈地掠过团山湖的上空，
闪着惊异的眼光；
我听清了呢喃的燕语，
像在问："为什么荒芜的团山湖，
今年改变了模样？"
南来的燕子啊！
让我告诉你吧，
团山湖这片未开垦的处女地，
是由于党的巨大的力量，

才围垦成一个新的农场。
是他们——农场的工人们,
用勤劳的双手,
给团山湖换上了新装。
南来的燕子啊!
也许母燕曾向你说过旧时的形象。
往日的团山湖——
湖草丛生,满目荒凉,
洪水一到,一片汪洋,
十年前有人三次收款,三饱私囊,
围垦团山湖只是一个梦想。
如今的团山湖啊——
良田万顷,满垄金黄,
微风吹过一片稻香。
新修的长堤像铁壁铜墙,
洪水已再不能称凶逞狂。
红旗插在社会主义的农场,
到处是谷满仓、鱼满舱,
祖国又添了一个"鱼米之乡"。
南来的燕子啊!
你可不用惊呆。
不是晴天里响起了春雷,
而是拖拉机在隆隆地开;
不是沟渠里的水能倒流,
而是抽水机在把积水排。
为什么草坪上格外喧腾?
那是饲养员在牧马放牛!

南来的燕子啊！
你是这样轻快地飞翔，
许是欣赏这美丽的景象：
蜿蜒的八曲河像一条白银管，
灌溉这片肥沃的土地，
团山湖与乌山对峙，
是天生成的一幅屏障。
这景象是诗情也是画意，
活跃在这诗画般怀抱里的工人，
更是些生龙活虎般的健将。
有的是双手拿惯了锄头，
有的是才放下笔杆才放下枪。
他们豪迈地这样说：
这是一所新的国营农场，
也是一所露天工厂，
还是一个培养红透专深人才的学堂。
……
南来的燕子啊！
你不用再寻旧时代的屋梁，
无论你飞到哪里，
再也找不着你从前住过的地方。
去年这里是荒凉的地方，
今年变成了高大的厂房，
欢迎你到新的农场宿舍来拜访。
但得请你告诉我，
你可知道你所飞过的地方，
……

新建了多少这样的农场?
——1958年8月1日于团山湖农场

可爱的工厂

汽笛，对着初升的朝阳，
情不自禁地高声歌唱，
迎接英姿焕发的工人走进工厂。
啊，钢铁的心脏——鞍钢，
为了祖国的工业化，
你永远不知疲倦地繁忙。
你那高大的厂房，
建筑在数十里的土地上。
红彤彤的铁流，
像滚滚的长江水一样，
昼夜不停地奔忙。
如果谁要是在远处瞭望，
就能看到鞍钢全部的景象：
从森林般的大烟囱里，
吐出一股股黑黑的浓烟。
夜晚像无数条火龙在闪闪发亮，
把浓烟映得像五彩缤纷的彩云一样。
在这浓烟下面，
就是我们工作的厂房。
呀！真仿如神话般的天堂，
这里的工厂主人，

都在日以继夜地繁忙,
热情地歌唱。
歌唱我们的新生力量,
歌唱我们的厂房——鞍钢焦化厂。
　　　　——1959年于鞍钢

力量从团结来

力量从团结来,
智慧从劳动来,
行动从思想来,

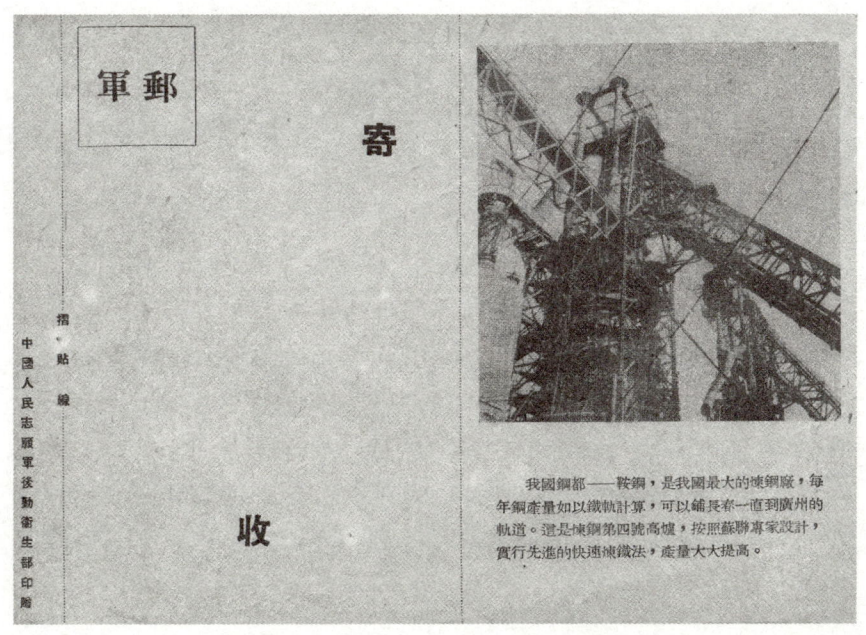

荣誉从集体来。

——1960年3月记在日记本上

一家人

松柏树，根连根，
石榴结籽心连心，
解放军和老百姓，
本来就是一家人。

——写于1960年的防洪抢险过程中

第五章 雷锋小说选

茵 茵

（1958 年）

严寒的冬天，地上落了深雪，河里结了厚冰，刺骨的冷风阵阵吹来，似乎不许人再工作似的。

但那勤劳勇敢的 18 000 多名钢铁战士，不怕千辛万苦地和冰雪战斗，人山人海，挑土筑堤。那挑战的喊声，加油的口号声，打夯的号子声，还有小学生们来慰问时的鼓声，混合一起，响彻

云霄。人们为了根治沩水，修筑长堤，忘记了寒冷和疲劳，甚至忘记了自己的生命。

茵茵就是这样的。提起这位年轻的女同志，人们都要感动得流下热泪。她是一个共产党员。她那结实的身体，勤劳的双手，还有那晒黑的脸儿，乌黑的头发，活泼的眼睛，真使人敬慕。她穿着一件黄棉衣，脚上是草鞋。据说，黄棉衣是她哥哥从部队复员后送给她的，草鞋是她自己打的，打得很漂亮。

茵茵担任了治沩青年突击队的队长。那场暴雨之后，新堤突然决口了。茵茵领导青年突击队去完成堵口的任务。决口处有七八尺宽，水深过丈，流速很急，水上还漂着冰块，堵口任务十分艰巨。茵茵她们跳进冰冷的水里，打桩、投石、搭桥、挑土……水被堵在堤外，她们的衣服却都湿透了。回到工棚里，茵茵烧了一堆火，让大家围着取暖、烤衣服。茵茵忙前忙后的，没有顾得上烤火，只把衣服脱下来，搭在竹竿上想让风吹干。可是，第二天早起，她的衣服不仅没吹干，天冷反而结了冰，穿在身上还掉冰碴呢！茵茵不顾这些，穿上它又领着大家到堵口工地去战斗，终于完成了党交给青年突击队的任务。

茵茵今年只有19岁，既聪明又勇敢，什么困难都不怕，什么活都能干。

堵口任务完成后，又一连下了三天雨，堤内堤外全是水，不能在湖内取土筑堤了。工地指挥部党委采取了措施：调来了10部抽水机，日夜不停地抽出湖内的积水。就在这时候，一个看管抽水机的同志病了，不能坚持工作了。怎么办呢？领导上想到了茵茵，她是个初中毕业生，还学过内燃机，对机械原理和构造是熟悉的。于是，领导上决定调她去管理一段抽水机。茵茵愉快地接受了这个光荣的任务。

茵茵高高兴兴来到抽水机站，一连工作几天都很顺利。一天夜晚，她看到工地上的电灯、煤气灯，以及用竹子做的火把，把新修的长堤照得通亮，民工们好像在夜花园里工作一样。灯光亮，民工干活就安全了，进度也快了。茵茵高兴得随着抽水机声唱起歌来。她歌唱劳动的愉快，歌唱幸福的生活，歌唱美好的将来。茵茵唱着唱着，抽水机突然出了毛病，一条胶管不喷水了。她冷静地想道：抽水机没停转，一定是水管出了毛病。如果把机器停下来，就会影响整个工地的工作。她决定下水修理，立即脱掉棉衣，奋不顾身地跳进冰冷的水中，把堵在水管里的石块掏出来，坚持干了半个多钟头，水管终于又喷水了。

　　上了岸，茵茵冻得直打哆嗦。她穿上棉衣坐在机器旁，实在是疲倦了，瞌睡了。迷迷糊糊的，她手一动，不料被转动的皮带夹住了！她猛一惊醒，手夹在皮带里抽不出来，疼得她变了脸色，高呼："救命！救命！"

　　恰好这时有两个民工经过，听到呼救声，急忙跑进抽水机站，只见一位女同志倒在机器旁，一只手给皮带夹断了；皮带还在转动，茵茵的血染红了机器。两位民工不懂机械，不知拉断电闸，却手忙脚乱地用扁担打抽水机，想打停它救人。

　　茵茵挣扎着，痛苦地说："你们不要打机器，那是上万元钱买来的呀！"

　　两个民工问："那可怎么办？"

　　茵茵坚强地说："拉我！"

　　两个民工咬着牙，终于把茵茵还连着部分血肉的手臂拉了出来。这时，茵茵已经痛得失去了知觉。

　　同志们赶来，把她送进了县医院。经医生十多天的细心治疗，她的断手伤势慢慢好了一些。指挥部党委书记亲自去看她好几次，安慰她、鼓励她。同志们也都非常关心她、体贴她，给她送去鸡蛋、水果……

茵茵十分感激党和同志们对她的关怀和照顾。她忍着伤痛，在病床上给大家写了这样一封信：

"亲爱的同志们，每当你们来看望我、安慰我时，给了我多么大的力量啊！我感谢同志们的关怀，感谢党给予我的温暖和鼓励。为工作受了一点伤，这算不了什么，你们不要为我分心。筑堤围湖是为了人民的幸福，我为它负点伤是光荣的。现在我还没有牺牲，就是牺牲了也是光荣的。我还有一只手，我还能工作哩！还能为祖国的社会主义建设贡献一点力量。现在我在病床上坚持学习，我要努力做个又红又专的共产主义战士。等伤好了以后，再和你们见面，再和你们共同劳动。"

一个月后，茵茵治好了伤，回到新建的农场工作。领导上为了照顾她，让她回家休息两个月，可是，茵茵不肯休息，少了一只手不能干别的，她要求给农场饲养两头大黄牛。

她每天早起晚睡，精心饲养两头牛。一天傍晚，她牵着牛出去吃草回来，走到半路上，那头大黄牛突然停住脚步，随你怎么拉，它也不肯走。茵茵急了，眼看天要落雨，过路的人有的脱下衣服盖在怕打湿的东西上。茵茵想：这头牛也是怕雨淋着吗？于是她脱下自己的上衣披在黄牛背上。天黑了，一阵大雨落了下来。这时，农场的小王跑来接茵茵。小王看见茵茵浑身给雨水打得透湿，黄牛背上却披着茵茵新做的蓝花衣裳，小王被感动得流下了热泪，立即脱下自己的上衣给茵茵穿上了。茵茵微笑着，牵着两头大黄牛在雨中慢慢地走着。小王在后面赶着那头不肯迈大步的牛。

回到场里，那头在路上不肯走的牛原来病了，倒在牛栏里。茵茵非常着急，急得她晚饭都忘了吃，跑到畜牧站叫来了兽医。兽医诊断后留下一些草药，说是不要紧。那天晚上，茵茵就守在病牛身边，抚摸它，侍候它，喂药给它吃。两天以后，大黄牛好了，茵茵也高兴得跳起来，虽然她熬红了眼睛。

茵茵除了喂好两头牛,在春耕大忙季节,还同大家一起——只用一只手扯草、拾粪、插秧、种玉米……她真能干呀!

她还用科学方法种了一块试验田呢!她有很大的决心和信心,争取粮食丰收。农场的人都非常喜欢茵茵,大家说:今年秋收后,我们要送茵茵上北京。

第六章 雷锋书信选

致中共辽阳市委的信

敬爱的辽阳市委：

我是××××部队15分队的一名新战士，我的名字叫雷锋，是今年1月从辽阳弓长岭矿入伍到部队的。由于部队党委和首长对我的不断教育和培养，使我的政治觉悟不断地提高，使我的思想和眼界变得更加的开朗和远大。

现在党中央向全国人民发出了增产节约的号召。目前，在我们的部队里，已掀起了一个轰轰烈烈的增产节约的高潮。我是一个共青团员，我应该积极地响应党中央的这一号召。我看到最近以来，辽阳遭受了百年没有过的大洪水的侵袭，因此使国家和人民的财产受到了很大的损失。现在国家和人民有困难，我是一名中国人民解放军战士，我一定要挺身而出，以实际行动来支援灾区人民。

现在部队每月发给我6元钱津贴，我每月除了理发花5角钱外，余下的钱我都存在储蓄所。入伍后我把在工厂时候攒的40多元，都带到部队存到了储蓄所。我在部队短短的7个月里，又节约了津贴费30多元，到现在为止，我已储存了100元钱。

今天我怀着万分高兴的心情，将我节约的100元钱寄给你们，支援灾区人民公社发展生产。

我的生命是党给我的，党是我慈祥的母亲。我一定要听党的话，永远忠于党，忠于人民，为祖国的壮丽事业贡献我的一切力量。

最后请市委对我多多培养，使我不断前进。

此致

敬礼

中国人民解放军
沈阳部队工程兵战士：雷锋
1960年8月28日

中共辽阳市委致部队首长的信

××××部队首长并转十五分队雷锋同志：

　　8月28日，雷锋同志给我们来了信并随信寄来100元钱，表示他对灾区的关怀和支援。雷锋同志能在我们遭受特大水灾之时寄信和邮钱，从道义上和财力上支援我市灾区，这种崇高的阶级友爱精神，说明了一个问题：就是人民解放军作为人民的子弟兵和人民有着密不可分的血肉联系，说明了我们的人民解放军有着一贯的与人民同甘苦共患难的光荣传统。雷锋同志能够有着至高无上的共产主义品德，也是党和部队长期教导的结果。

　　辽阳市遭受百年不遇的特大洪水灾害，受到严重损失。但是，在党中央毛主席和省委、鞍山市委的亲切关怀和正确指导下，在人民解放军和兄弟市、县的大力援助下，抢救了被水围困的灾胞，减轻了洪水灾害的损失。同时中央和各兄弟市、县，又运来了大批救灾物资，安排了灾区人民的生活。目前，灾区人民在党的温暖和无微不至的关怀下，信心百倍，干劲十足，热烈响应党的号召，积极投入生产自救、重建家园运动。我们对雷锋同志寄来的款项不准备收留，并代表灾区人民向雷锋同志再一次地表示感谢。希望他能把钱继续存到银行里，支援国家建设。我们一定教育灾区人民，学习雷锋同志的阶级友爱和共产主义品格，鼓足更大的干劲，更加奋发图强，为彻底医治洪水创伤，重建辽阳幸福的新农村而努力。

　　此致

敬礼

中共辽阳市委员会
1960年9月6日

给建设街小学全体少年朋友的信

亲爱的少先队员同学和全体少年朋友们：

我于本月初，离开抚顺来到军区，因为时间紧迫没能来得及向小朋友告别，请小朋友多加原谅，我很想你们，但我的工作很忙又不能马上回去看你们，因我要先后到大连、营口、辽阳、哈尔滨等地去作报告，等我回来的时候要拿我的工作成绩见你们，你们也要拿优异的学习成绩向党汇报，咱们要比一比看谁的成绩最大。

小朋友们，你们要好好学习，天天向上，听党的话，做毛主席的好孩子。最后祝全体少先队员同学们，全体小朋友们学习进步！生活愉快！身体健康！

大朋友——雷锋
1961年1月

一封慰问信

敬爱的西部医院全体休养员同志们：

　　你们好，在这新春佳节里，我十分想念你们，……我呢从小就死去了自己的父母哥弟，剩下了孤孤单单的我，在旧社会，过着人不如狗的苦日子。解放后，在党和毛主席的抚育下，我从一个幼稚无知的穷孩子，成长为一名解放军战士，光荣的共产党员。今天党和毛主席就是我慈祥的母亲，全国6亿多人民就是我的阶级兄弟，在这革命的大家庭里，让我们共同欢度新春佳节吧。

　　今天我怀着万分高兴的心情给你们写这封信。首先向你们致以亲切的慰问和祝贺！精神愉快吧？生活过得好吗？一切都好吗？祝你们早日恢复健康，节日愉快。

　　我是人民的子弟兵，我一定要握紧手中武器，保卫我们的社会主义建设，保卫世界和平。我要永远忠于党，永远做人民的勤务员。我愿为党和阶级的最高利益牺牲自己的一切直至生命。在这新春佳节里，我非常想念你们，只有把自己领到的一斤苹果作为春节送给你们的礼物，以表表自己的心意。

　　此致
敬礼
　　祝你们春节快乐！

7343部队战士：雷锋

1961年2月16日

给堂叔雷明义的信

三叔：

　　您好！近来身体好吗？工作忙吧？精神愉快吧？生活过得怎样呢？一切都好吧？因我任务繁重，时间紧迫，很久没给你写信，对不起，请原谅吧！由于党和上级首长对我的重视，要把我培养成为一个党所要求的又红又专的共产主义接班人，因此，对我的成长和进步特别的关心，曾调我到外地学习，以提高我的政治觉悟和理论水平，分配我带领一个班在外地执行国防施工任务。在紧张的工作和艰苦的环境下，以培养我们艰苦奋斗的作风，锻炼我们的革命意志，更重要的是，培养和提高我们的军事技术……保卫祖国而增强本领。由于党的培养教育，同志们的帮助，加上自己在实践中的刻苦锻炼，使我的工作、学习军事技术等各方面都有很大的提高和进步。就拿军事技术来说：在教员和同志们的指导和帮助下，加上自己天天练，因此技术提高较快，从3月16日到今天为止，我驾驶的汽车已安全行驶了4000多公里，没发生事故，圆满地完成了各项运输任务，我决心继续努力，争取更大的成绩。目前我的身体非常结实，精神饱满，生活过得很愉快，总之一切都很顺利。请勿挂念。

　　此致

敬礼

　　祝好！

　　　　　　　　　　　　　　　　　　侄儿：雷锋